어서 와,
중등 비문학은
처음이지?

어서와, 중등 비문학은 처음이지?

상

고등학교에 가기 전에
반드시 익혀야 할
비문학 독해에 관한
모든 것

Go!

배혜림 글
편히 그림

데이스타
Daystar

세상을 읽고, 나를 요약하는 힘

　중학교 국어 과목에 '요약하기'라는 단원이 있습니다. 이 단원에서는 비문학 글을 읽고 문단별 중심 문장을 찾고 문장의 구조를 정리하는 방법을 공부합니다. 학생들에게 꼭 필요한 읽기 능력과 사고력, 정리 능력을 길러 주는 이 단원은, 고등학교 비문학 독해와 관련 있는 중요한 단원입니다. 그런데 학년 말 학생들에게 가장 어려웠던 단원이 무엇이었는지 물으면 많은 학생이 요약하기 단원을 꼽습니다. 요약하기는 단순히 내용을 줄이는 활동이 아닙니다. 글의 핵심을 파악하고 논리 구조를 이해해 간결한 표현으로 재구성하는 복잡한 사고의 과정입니다. 이를 위해서는 충분한 독해력과 문해력이 바탕이 되어야 합니다. 이 단원을 가르치며 수업 시간마다 함께 글을 읽고 중심 문장을 찾으며 연습하지만 여전히 요약하기는 어려운 과제로 남아 있습니다.

"어떻게 하면 요약을 덜 부담스럽게 느낄 수 있을까?"

"어떻게 하면 재미있게 요약의 원리를 익힐 수 있을까?"

이 책은 학생들이 어떻게 하면 비문학을 좀 더 쉽게 접할 수 있을지에 대한 고민으로 만들었습니다. 수능 국어 영역에서 다루는 다양한 영역의 글을 수월하게 읽도록 해야겠다고 생각했습니다. 이 책은 중학생이 비문학 글을 보다 능동적으로 읽고 요약할 수 있도록 돕기 위해 썼습니다. 중학교 교사의 눈으로 중학생이 알아야 할 주제를 선별해 중학생 눈높이에 맞추었습니다. 글을 읽는 데 그치지 않고 배경지식도 확장할 수 있도록 내용을 구성하고 중심 문장을 찾아 요약하는 활동을 통해 자연스럽게 사고력도 키우도록 유도했습니다. 무엇보다 이 책이 공부처럼 느껴지지 않으면 좋겠습니다. 부담 없이 읽고 자연스럽게 세상을 이해하고 글을 두려워하지 않기를 바랍니다. 복잡한 글을 읽더라도 중심을 놓치지 않고 의미를 파악하는 힘, 다양한 정보를 스스로 정리하고 판단하는 힘을 기를 수 있다면 그것만으로도 이 책은 충분한 역할을 했다고 생각합니다. 이 책을 통해 세상을 읽고 나를 요약하는 힘을 키울 수 있기를 진심으로 응원합니다.

배혜림

차례

프롤로그   4

1장

사회

① 1인 가구의 증가, 사회에 미치는 영향은 무엇일까? 12

② 청소년 범죄 예방을 위한 효과적인 대책은 무엇일까? 17

③ 패스트푸드의 소비가 건강에 미치는 영향은 어떨까? 22

④ 우리가 만드는 미래, 공정한 선거가 중요한 이유는? 27

⑤ 건강한 시민 사회를 만들기 위한 시민의 역할은 무엇일까? 32

⑥ 대중교통이 우리 사회와 삶을 어떻게 바꾸고 있을까? 37

⑦ 청소년의 SNS 사용, 정말 제한이 필요할까? 42

⑧ 온라인에서의 익명성, 표현의 자유일까 무책임의 시작일까? 47

2장

역사

① 역사에서 우리가 배울 수 있는 교훈은 무엇일까?   54

② 세계 대전 이후로 세계는 어떻게 바뀌었을까?   59

③ 인도의 비폭력 저항 운동은 어떤 가치를 갖고 있을까?   64

④ 한국 전쟁 당시 한강 대교를 폭파한 이승만, 그의 결정은 정당할까?   69

⑤ 일제 강점기 시대에 창씨개명을 한 이들은 모두 비난받아야 할까?   74

⑥ 흥선대원군의 쇄국 정책을 어떻게 바라보아야 할까?   79

⑦ 신라가 주도한 삼국 통일, 과연 가장 효과적이었을까?   84

⑧ 명성황후는 정말로 조선의 훌륭한 국모였을까?   89

3장

인문

① 성 역할 고정 관념은 어떻게 변화하고 있을까?   96

② SNS는 인간관계에 어떤 영향을 미칠까?   101

③ 다문화 사회의 장점과 단점은 무엇일까?   106

④ 고전 문학이 현대 사회에 주는 메시지는 무엇일까?   111

⑤ 동성혼의 법제화를 바라보는 시각은 어떻게 변하고 있을까?   116

⑥ 왜 선하게 살아야 하는가?   121

⑦ 세상에 변하지 않는 것이 있을까?   126

⑧ 진정한 행복이란 무엇일까?   131

4장

정치

① 청소년의 정치 참여는 왜 중요한가?   138
② 고령화 사회의 대책으로 어떤 방안을 세워야 할까?   143
③ 공정한 재판의 조건은 무엇일까?   148
④ 쟁점 해결을 위한 민주적 절차는 어떻게 될까?   153
⑤ 자유 무역 협정의 장점과 단점은 무엇일까?   158
⑥ 전쟁이 벌어지는 이유는 무엇일까?   163
⑦ 핵 보유국과 비보유국의 차이는 무엇일까?   168
⑧ 국가 간 문화 교류는 왜 중요한가?   173

5장

교육

① 학교에서 스마트폰 사용은 긍정적일까 부정적일까?   180
② 공부와 여가 시간의 균형을 어떻게 맞출 수 있을까?   185
③ 미디어 리터러시가 왜 필요할까?   190
④ 청소년 스트레스 관리를 위한 효과적인 방법은 무엇일까?   195
⑤ 4차 산업 혁명은 교육에 어떤 변화를 가져올까?   200
⑥ 청소년기 아이들에게 또래 집단이 반드시 필요할까?   205
⑦ 학교에서의 교복 착용, 꼭 필요한가?   210
⑧ 청소년기, 이성 교제는 득일까 독일까?   215

자, 이제
비문학의 세계로
떠나 볼까요?

1장

사회

1인 가구의 증가, 사회에 미치는 영향은 무엇일까?

국내 1인 가구의 수가 1,000만 가구를 돌파했다. 행정안전부 관계자는 "결혼 연령대가 높아지면서 독립 후 혼자 사는 미혼자가 늘고 고령화가 빠르게 진행되고 있는 것이 1인 가구 증가의 요인"이라고 밝혔다. 행정안전부 통계를 살펴보면 우리나라 전체 가구 중 41.8%가량이 1인 가구이다. 다섯 가구 중 두 가구가 혼자서 살고 있는 셈이다.

1인 가구 증가와 함께 소비 패턴에 뚜렷한 변화가 나타났다. 많은 1인 가구가 바쁜 일상 때문에 간편한 식사나 외식을 선호하며, 특히 배달 음식을 자주 이용하는 경향을 보인다. 이러한 소비 트렌드는 기존 배달 음식 시장에서 1인분으로 주문하기 힘들었던 많은 양의 메뉴도 1인분씩 포장 및 판매할 수 있게 변용시켰다. 마트와 편의점 역시 흐름에 맞춰 1인용 밀키트, 소포장된 식재료, 간편식 등 1인 가구를 겨냥한 상품을 다양하게 판매하고 있다. 이러한 제품은 불필요한 낭비를 줄일 수 있다는 경제적인 장점과 음식물 쓰레기 증가 문제를 해결할 수 있다는 환경적인 장점도 있다.

1인 가구의 증가는 주거 공간의 변화도 가져왔다. 과거에는 큰 평수의 아파트와 그에 걸맞는 대형 가전·가구가 주거의 표준이었으나 최근 소형 주택에 대한 수요가 급증하고 있다. 소형 주택은 공간 활용의 효율성을 극대화할 수 있다는 장점이 있으며, 도시화로 인해 주거 비용이 상승하는 가운데 경제적인 선택으로 여겨진다. 소형 주택의 수요가 증가함에 따라 소형 가전과 1인용 가구의 판매도 자연스레 늘어나고 있다. 가전 제품의 용량은 줄이고 기능은 강화되었으며 가구의 크기를 줄이면서도 생활 패턴 및 주거 환경에 맞춰 배치나 구성을 변경하거나 추가할 수 있도록 설계되어 활용도와 효율성을 높였다.

그러나 1인 가구의 부정적 측면도 결코 간과할 수 없다. 사람은 다른 사람과의 관계 속에서 삶의 의미를 찾고 정체성을 형성하는데, 1인 가구는 가족이나 친구와의 일상적인 상호 작용이 줄어들어 외로움을 느끼기 쉽고, 이는 곧 사회적 고립으로 이어질 수 있다. 이러한 문제를 해결하기 위해서는 공통된 취미나 관심사를 중심으로 모이는 사람들과의 만남을 통해 소속감을 느끼고 새로운 관계를 형성하려는 노력이 필요하다. 하지만 사회적 고립 문제는 개인적인 노력만으로 해결하는 데 한계가 있다. 개인뿐만 아니라 정부와 지자체도 이러한 문제를 인식하고 적극적으로 지원해야 한다. 1인 가구를 위한 주거 지원, 복지 서비스, 사회적 안전망을 강화하고 혼자 사는 사람들을 위한 다양한 프로그램과 활동을 통해 그들이 사회에 통합될 수 있도록 도와야 한다. 이러한 노력이 모일 때 비로소 건강한 공동체가 형성될 수 있다.

똑똑하게 분석해 봅시다

- 문단별로 핵심어를 찾아 동그라미 표시해 보세요.

- 각 문단의 중심 내용을 정리해 보세요.

  1문단 :

  2문단 :

  3문단 :

  4문단 :

자유롭게 생각해 봅시다

- 1인 가구의 찬성 또는 반대의 이유는 무엇인가요?

- 내가 1인 가구라면 어떻게 살 것인지 상상해 볼까요?

분명하게 표현해 봅시다

- 1인 가구가 증가하는 현상을 긍정적으로 생각하나요, 부정적으로 생각하나요?
1인 가구가 증가하는 현상에 대한 나의 생각을 정리해서 적어 봅시다.

전통 사회에서의 대가족은 단순히 가족을 넘어 공동체의 역할을 수행했습니다. 농사를 지을 때 여러 세대가 힘을 모아 더 많은 양을 수확할 수 있었고, 서로의 아이들을 돌봐 주어 마음 놓고 일에 전념할 수 있었습니다. 이렇게 합해진 공동체의 힘으로 생계를 유지하고 서로의 삶을 지탱하는 중요한 역할을 했습니다. 여러 세대가 함께 살다 보니 각 세대의 경험과 지혜를 나누는 자연스러운 분위기가 형성되었고, 가족의 역사와 전통이 다음 세대에 전해졌습니다. 이 과정에서 가족들은 서로 돕고 어려움을 이겨 내며 깊은 유대감을 쌓았습니다.

그러나 대가족 생활이 긍정적인 것만은 아닙니다. 많은 인원이 함께 생활하는 만큼 개인적인 공간이 부족하여 개인의 사생활이 침해될 수 있습니다. 또한 다양한 성격의 사람들이 한 공간에 모여 함께 생활하다 보면 종종 갈등이 발생할 수 있습니다. 전통적인 가치와 관습을 중시하는 대가족 체제에서 새로운 변화나 현대적 사고방식에 대한 저항이 있을 수도 있고, 가족 간의 유대감이 지나치게 강해지면 서로에게 의존하는 경향이 커져 개인이 독립적으로 문제를 해결하는 능력이 부족해질 수도 있습니다.

오늘날 산업화와 도시화로 가정생활의 모습이 크게 달라졌습니다. 생활 방식과 가족 구조도 변화했습니다. 대가족은 눈에 띄게 줄었고 대부분 부부 중심의 핵가족 형태를 이루고 있습니다. 그로 인해 전통적으로 가정이 담당하던 다양한 기능을 전문 기관이나 사회가 대신하게 되었습니다. 대가족과 핵가족 각각의 가치에 대해 생각해 보고 이를 현대 상황에서 어떻게 활용할 수 있을지 고민하여 가족의 가치를 풍요롭게 하면 좋겠습니다.

 답

1문단: 1인 가구 증가 현상   2문단: 1인 가구로 인한 소비 패턴의 변화

3문단: 1인 가구로 인한 주거 공간의 변화   4문단: 1인 가구의 부정적 측면과 대응 방안

청소년 범죄가 증가하며 심각한 사회 문제로 대두되고 있다. 과거에는 면대면으로 만나 직접적인 폭력이나 위협을 가하는 경우가 대부분이었지만, 요즘에는 SNS와 인터넷을 통한 비대면 범죄가 급증하고 있다. 청소년 범죄의 원인으로 가정 환경에서 비롯된 문제, 빈곤과 사회적 불평등에 따른 경제적 어려움, 또래 집단의 행동과 가치관으로 인한 문제 그리고 학교 폭력 등이 지목된다. 특히 최근에는 청소년들이 인터넷 범죄에 무방비하게 노출되어 과거에는 상상할 수 없었던 종류의 새로운 범죄가 일어나고 있다. 또 자극적인 콘텐츠를 위해 폭력이나 위협을 서슴지 않는 경우도 다반사다.

이러한 청소년 범죄를 예방하기 위해서는 가정과 학교뿐만 아니라 우리 사회 전체와 정부가 협력하여 다양한 측면에서 접근할 필요가 있다. 청소년이 가장 먼저 접하는 사회는 가정이며, 청소년 범죄 예방을 위한 가장 중요한 요소도 가정이다. 가정에서의 긍정적인 관계 형성이 청소년 범죄 예방에 필수적인 요소이다. 부모와 신뢰 관계가 잘 형성된 청소년은 범죄에 연루될 확률이 낮다는 연구 결과가 이를 뒷받침한다. 학생들이 많은 시간을 보내는 학교도 청소년 범죄 예방에 중요한 역할을 하고 있다. 또래 멘토링 프로그램, 학교 폭력 예방 교육, 상담 프로그램 등 청소년 범죄 예방을 위한 다양한 프로그램을 운영하고 있는데 이러한 학교 내 프로그램을 성공적으로 운영하기 위해서 가정과 지역 사회의 협력이 필수적이다. 이 과정에서 때로는 국가 차원의 법적인 강제성이 필요할 때도 있다.

우리 사회에 일어나는 청소년 범죄를 결코 가볍게 대해서는 안 된다. 장기적인 예방의 일환으로 사회 전반의 인식 변화와 지속적인 교육을 통해 청소년들이 건강하고 안전하게 성장할 수 있는 환경을 조성하는 것이 필수적이다. 또한 청소년 스스로도 자신의 행동에 대한 책임을 인식해야 한다. 위험한 상황에 노출되거나 유혹에 빠지지 않도록 주의해야 한다. 이러한 접근을 통해 청소년 범죄를 효과적으로 예방하고 건강한 사회를 구축할 수 있다.

'한 아이를 키우려면 온 마을이 필요하다'라는 속담처럼 청소년이 건전하고 건강하게 자랄 수 있는 환경을 제공하기 위해서는 사회 전체의 지혜와 노력이 필요하다. 청소년 범죄는 단순히 개인이나 가정만의 문제가 아니라 우리 사회 전체의 책임이라는 인식을 가져야 한다. 모든 구성원이 함께 참여하고 협력해야 하며, 특히 청소년 스스로가 자신의 행동의 무게를 인식하고 자신을 지키기 위한 판단력을 키우는 것이 중요하다. 이러한 다양한 노력이 합해져야 청소년 범죄를 예방할 수 있을 것이다.

똑똑하게 분석해 봅시다

● 문단별로 핵심어를 찾아 동그라미 표시해 보세요.

● 각 문단의 중심 내용을 정리해 보세요.

1문단 :

2문단 :

3문단 :

4문단 :

자유롭게 생각해 봅시다

● 청소년 범죄 예방 방법은 무엇이 있을까요?

● 청소년 범죄를 줄일 수 있는 다른 방법은 없을까요?

분명하게 표현해 봅시다

● 청소년의 입장에서 청소년 범죄에 대한 나의 생각을 정리해서 적어 봅시다.

일반적으로 만 10세에서 19세의 청소년이 저지르는 범죄를 청소년 범죄라고 합니다. 청소년은 성인에 비해 정서적으로 미숙하고 사회적 경험이 적어 잘못된 판단을 할 가능성이 높습니다. 시간이 흐를수록 잦게 일어나는 청소년 범죄와 연관해 촉법소년에 대한 의견이 분분합니다. 촉법소년은 만 10세 이상 14세 미만의 청소년을 말하는데, 이들은 범죄를 저질렀더라도 법적으로 처벌받는 대신에 사회봉사나 소년원 송치 등의 보호 처분을 받습니다. 원래 촉법소년 제도는 성인보다 사고가 미흡한 청소년을 교화하려는 취지였습니다. 그러나 최근 이를 악용하거나 오용하는 사례가 증가하면서 촉법소년에 해당하는 연령을 낮추자는 주장이 힘을 얻고 있습니다.

그러나 이러한 주장에 반대하는 사람들은 촉법소년의 연령을 하향해도 청소년의 범죄율이 떨어지지 않을 거라고 주장합니다. 실제 촉법소년에 해당되는 청소년 범죄를 살펴보면 가정이나 사회에서 제대로 보호받지 못하고 있는 경우가 많다고 합니다. 소년 보호 관찰 대상자를 조사한 결과 약 43%가 아동 학대와 방임을 경험했다는 결과도 그 주장을 뒷받침합니다. 이러한 현실은 단순히 촉법소년의 연령을 낮추는 것만으로는 청소년 범죄 문제를 해결할 수는 없음을 시사합니다.

촉법소년의 연령을 낮추는 것도 중요하지만 그보다 청소년이 안전하고 건강하게 성장할 수 있는 환경을 어떻게 조성하는지에 대해 고민하는 것이 더 중요합니다. 이들을 어떻게 '처벌할 것인가' 보다 어떻게 '우리 사회 안으로 끌어들일 것인가'를 생각해 보면 좋겠습니다.

답

1문단: 청소년의 범죄 현황
2문단: 청소년 범죄 예방을 위해 협력이 필요함
3문단: 청소년 범죄 예방에 대한 장기적 접근
4문단: 청소년 범죄에 대한 사회 전체의 책임

바쁜 일상에서 빠르고 간편하게 식사를 해결하기에 좋은 음식이 있다. 바로 패스트푸드fast food이다. 패스트푸드는 주문하면 즉시 완성되어 나오는 음식으로, 공장에서 생산된 반조리 재료를 사용해 조리 시간과 노동력을 절감하여 만들어진다. 패스트푸드 산업은 저렴한 가격과 편리함이라는 강점으로 세계 각국에서 빠르게 성장하고 있다. 하지만 비만 문제와 불균형한 영양 섭취 문제 등 건강을 해친다는 이유로 패스트푸드의 과한 섭취를 경계하는 목소리가 많이 나온다. 이러한 목소리를 강력하게 내는 사람들은 패스트푸드를 우리 몸에 해로운 쓰레기 음식이라는 의미의 정크 푸드junk food라고 부르기도 한다.

패스트푸드는 대체로 고칼로리의 음식이다. 햄버거, 프렌치 프라이, 치킨, 핫도그 등 주로 기름에 튀기거나 볶는 방식으로 조리되는 음식이 포함된다. 기름은 음식의 풍미를 부드럽고 풍부하게 만들어 주어 먹는 사람에게 만족감을 준다. 그러나 이러한 조리 방법은 음식의 칼로리를 높여 체중을 늘리고 다양한 대사 문제를 발생시킬 수 있다. 또 음식의 맛을 강화하기 위해 나트륨을 많이 사용하는데 이 또한 많이 섭취하면 혈압 상승과 심혈관 질환 등의 문제가 발생할 수 있다. 그뿐 아니다. 함께 다량 포함된 설탕이나 고과당 옥수수 시럽과 같은 당분은 치아 문제를 일으킬 수 있다.

패스트푸드에 있는 고함량의 지방과 당분은 신경 전달 물질인 세로토닌의 분비를 촉진시켜 먹는 사람의 기분을 좋게 만든다. 그러나 세로토닌이 지속적으로 과도하게 활성화되면 비축해 둔 세로토닌 공급량이 줄어들어 도리어 우울한 기분을 느끼게 할 수 있다. 또 이들은 뇌의 보상 시스템과 관련된 신경 전달 물질인 도파민 수치를 증가시켜 일시적인 행복감을 유발하기도 한다. 그러나 시간이 지나면서 같은 양의 패스트푸드를 섭취해도 도파민의 분비가 오히려 줄어든다. 이는 더 많은 패스트푸드를 필요로 하게 만든다. 그렇게 단기적으로는 기분을 좋게 하고 즐거움을 제공하지만 장기적으로는 신체적·정신적 건강에 심각한 악영향을 미칠 수 있다.

패스트푸드는 장점과 단점이 명확한 음식이다. 맛있고 빠르게 먹을 수 있는 장점이 있지만 장기적으로 판단했을 때 건강에 좋지 않은 영향을 미칠 수 있다. 그렇다면 패스트푸드를 어떻게 먹는 것이 좋을까? 평소에는 신선한 채소와 과일, 단백질이 풍부한 닭고기나 생선, 두부 등의 건강한 음식을 많이 먹는 식습관을 길러야 한다. 그러다가 특별한 날에 한 번쯤 즐기는 것을 추천한다. 어떤 음식을 먹는가가 자신의 건강을 결정한다. 어떤 음식을 어떻게 먹어야 건강하고 활기차게 생활할 수 있을지 생각하고 건강한 식습관을 갖도록 노력하자.

똑똑하게 분석해 봅시다

- 문단별로 핵심어를 찾아 동그라미 표시해 보세요.

- 각 문단의 중심 내용을 정리해 보세요.

  1문단 :

  2문단 :

  3문단 :

  4문단 :

자유롭게 생각해 봅시다

- 패스트푸드에 대해 찬성 또는 반대하는 이유는 무엇인가요?

- 패스트푸드를 얼마나 자주 먹나요? 그 이유는 무엇인가요?

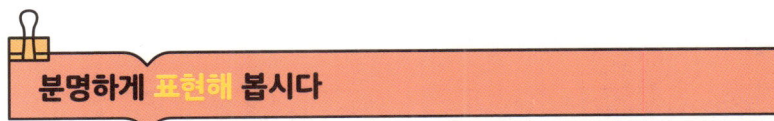

분명하게 표현해 봅시다

- 패스트푸드에 대한 나의 생각을 정리해서 적어 봅시다.

라면, 즉석밥, 냉동식품, 햄버거, 피자, 과자 등은 우리가 일상에서 자주 먹는 음식들입니다. 맛있고 조리가 간편해 큰 인기가 있습니다. 그러나 가공 과정에서 방부제, 색소, 향미증진제 등 다양한 화학 첨가물을 사용하거나 쉽게 조리하기 위해 여러 단계의 화학적, 물리적 과정을 거쳐 자연 상태의 식품과 많이 다르게 만들어지는 경우가 많습니다.

인공 첨가물이 포함되고 여러 공정을 거친 식품을 초가공식품이라고 합니다. 초가공식품이라는 용어를 처음 제시한 사람은 카를로스 몬테이로 교수인데, 그는 공정 과정의 복잡함에 따라 최소 가공식품, 가공식품, 초가공식품으로 분류했습니다.

초가공식품은 에너지 밀도가 높고 당류와 지방이 많이 함유되어 열량은 높지만 가공 과정에서 섬유질이나 비타민 등의 영양소는 파괴되므로 영양의 질이 떨어지는 편입니다. 그뿐 아니라 주로 달고 짜고 기름진 맛으로 뇌의 보상 중추를 자극해 도파민, 세로토닌 같은 행복을 느끼는 호르몬을 분비하게 합니다. 이는 충분한 음식을 섭취하여 배가 부르더라도 계속 먹고 싶게 하는 음식 중독을 초래할 수 있습니다. 하지만 초가공식품이 건강에 악영향을 미친다는 것을 뒷받침하는 구체적인 증거가 없다는 주장도 있습니다.

그럼에도 전문가들은 초가공식품 섭취를 줄이는 것을 권고합니다. 가능한 한 신선한 재료를 사용해 직접 요리하는 것이 가장 좋고, 여의치 않다면 식품 첨가물을 제거하고 먹기를 권합니다. 내가 선택하여 먹는 음식이 앞으로 내가 어떤 모습으로 살아갈지 결정합니다. 나의 건강을 위해 어떤 식습관을 가지면 좋을지 고민해 보면 좋겠습니다.

 답

1문단: **패스트푸드의 정의와 우려의 시선** 2문단: **패스트푸드의 우려점 1. 건강 문제**
3문단: **패스트푸드의 우려점 2. 정신적 영향** 4문단: **패스트푸드의 건강한 섭취 방법**

1812년 미국의 매사추세츠주의 주지사 엘브리지 게리는 자신의 정당에 유리하게 선거구를 조작하려 했다. 조작하려 했던 선거구의 모양이 마치 그리스 신화에서 불을 뿜는 괴물 샐러맨더Salamander와 유사하여, 게리와 샐러맨더를 합성해 게리맨더Gerrymander라는 용어가 생겼다. 이후 특정 정당이나 후보자에게 유리하게 선거구를 조정하는 행위를 게리맨더링Gerrymandering이라고 부르게 되었다. 이러한 조작은 다수의 의견만 반영되고 나머지 소수의 의견은 무시되어 민주주의 정신에 어긋나는 결과가 초래될 수 있다. 이 행위를 방지하기 위해 우리나라에서는 선거구를 법률로 정하고 있으며 대체로 행정 구역의 경계를 따르도록 하고 있다.

선거는 국민을 대신해 국가의 중요한 일을 담당할 대표자를 뽑는 과정으로, 국민의 기본적인 정치 참여 활동이다. 선거는 '민주주의의 꽃'이라 불리며, 투표를 통해 국민이 자신의 의사를 표현하며 주권을 행사하고 선출된 대표자에게 정당성을 부여하는 행위이다. 또한 대표자가 자신의 역할을 제대로 수행하지 못할 경우, 다음 선거에서 다른 대표자를 선출해 역할 수행 부족에 대한 책임을 물을 수도 있다. 이처럼 선거는 국민의 다양한 의견과 요구가 표출되는 하나의 민주주의적 과정이며, 사회 전반에 긍정적인 영향을 미친 선거는 민주 사회의 기초를 이루며 국민의 목소리를 듣고 반영하는 중요한 기회이다.

반면 공정하지 않은 선거는 국가에 대한 신뢰를 훼손하고, 정치에 대한 국민의 관심을 저하시킬 수 있다. 국민이 정치에 무관심하게 되면 정치인들이 이를 악용해 부정한 방법으로 권력을 쥐려는 경향이 커진다. 이러한 상황은 부패와 비리를 증가시키는 원인이 되며 결과적으로 사회적 갈등을 심화시키고 다양한 의견을 무시하고 한쪽의 의견으로 치우치는 경향을 낳는다. 이는 결국 민주주의의 기본 원칙인 자유와 평등을 훼손하는 결과를 가져온다. 이처럼 불공정한 선거는 사회의 안정과 발전을 저해하고 국가의 전반적인 질을 떨어뜨릴 수 있다.

학교에서도 크고 작은 선거가 이루어진다. 학교의 선거는 학생들이 학교 운영에 참여하고 자신의 의견을 반영할 수 있는 중요한 과정이다. 학생들이 사회로 나가기 전에 정치 참여를 미리 경험하게 하여 민주주의를 배우는 기회를 제공한다. 선거에 출마한 학생들은 자신의 의견을 표현하고 설득하는 과정에서 의사소통 능력과 리더십을 키우게 되며, 자신의 행동이 공동체에 미치는 영향을 인식하게 된다. 또 선거에 참여하는 학생들은 투표를 통해 정치적 참여의 중요성을 깨닫게 되며, 친구들과 서로의 의견을 자유로이 나누며 연대감을 형성하게 된다. 공정한 선거에 대한 관심은 학교에서부터 시작된다. 학교에서 공정한 선거를 경험한 학생들은 미래의 성숙한 시민으로 성장할 것이다.

똑똑하게 분석해 봅시다

- 문단별로 핵심어를 찾아 동그라미 표시해 보세요.

- 각 문단의 중심 내용을 정리해 보세요.

    1문단 :

    2문단 :

    3문단 :

    4문단 :

자유롭게 생각해 봅시다

- 선거가 공정해야 하는 이유는 무엇인가요?

- 공정한 선거를 위한 다른 방법은 없을까요?

분명하게 표현해 봅시다

- 학급이나 학교에서 선거 과정을 보면서 어떤 생각을 했나요? 공정한 선거에 대한 나의 생각을 정리해서 적어 봅시다.

우리나라가 택한 민주 선거에는 보통·평등·직접·비밀 선거라는 4대 원칙이 있습니다. 보통 선거는 만 19세 이상인 대한민국 국민은 누구나 선거권을 가질 수 있는 선거를 말합니다. 평등 선거는 신분이나 재산, 학력 등 관계없이 누구나 평등하게 투표권을 한 표씩 가지는 것, 직접 선거는 대통령이나 국회의원을 국민이 직접 선출할 수 있다는 것입니다. 다만 국토가 넓어 한 나라 안에서도 시차가 생기는 일부 국가는 간접 선거를 채택하기도 합니다. 누구에게 투표했는지는 비밀로 하는 비밀 선거도 있습니다. 여기에 자유 선거를 덧붙여 선거의 5원칙이라고 하기도 합니다. 이는 외부적 강제 없이 자유롭게 선거권을 행사하기 위함입니다. 자유 선거를 제외한 4대 원칙은 헌법이 부여한 원칙으로, 건전하고 공정한 선거 문화를 위해서 필수적입니다.

"뽑을 사람이 없어서 투표하지 않겠다"라며 투표를 거부하는 사람들도 있습니다. 하지만 이는 잘못된 생각입니다. 내가 투표를 하지 않음으로써 투표 결과에 영향을 줄 수 있다면 투표를 하지 않는 것도 선택지가 될 수 있으나, 내가 투표하지 않아도 선거 결과는 반드시 결정됩니다. 내가 원하는 후보가 당선될 수도 있고 그렇지 않을 수도 있지만, 내가 가진 나의 권리를 반드시 행사해야 합니다. 그렇게 투표를 통해 내가 원하는 방향으로 사회를 조금씩 변화시켜야 합니다. 선택하지 않으면 변화의 계기조차 마련할 수 없습니다. 투표는 국민의 권리이자 의무입니다. 모든 사람이 투표를 통해 적극적으로 의견을 표현하고 이를 통해 더 나은 사회를 만들 수 있게 되기를 바랍니다.

답

1문단: 게리멘더링의 정의와 문제점　　2문단: 선거의 중요성
3문단: 불공정한 선거의 부작용　　4문단: 학교에서 선거 경험의 의의

'시민'이라는 말은 오늘날 행정구역상 도시에 거주하는 주민이라는 뜻으로도 쓰이지만, 폭넓게 보면 도시 및 국가 구성원으로 정치적인 권리를 가진 주체라고 볼 수 있다. 고대 그리스에서 시민은 '폴리스polis'라는 도시 국가에서 투표나 선거를 할 수 있는 참정권을 가진 사람을 지칭하는 개념으로 쓰였고, 근대 유럽에서는 봉건주의가 무너지고 절대 군주제가 형성되면서 등장한 사회 계급을 일컫는 개념으로 쓰였다. 이들 시민 계급은 상공업의 발전을 주도하며 부를 축적했다. 자유로운 경제 활동을 하면서 자신들의 부에 대응하는 정치 참여를 요구하였고, 결국 시민 혁명을 일으켜 근대 민주주의를 성립했다.

시민이 정치 주체로서 중심이 되는 사회를 시민 사회라고 한다. 시민 사회는 곧 민주주의로 나타난다. 시민 사회가 건강하기 위해서는 사회의 다양한 기능이 제대로 작동해야 한다. 건강한 시민 사회는 국가와 시장의 권력을 견제하고 비판하는 사회이다. 사회의 여러 문제를 해결하고 정부가 제공하는 공공재를 보충한다. 또 사회적 약자와 소수자의 권리를 옹호하고 공론장과 사회적 자본을 창출한다. 이러한 건강한 시민 사회를 만들기 위해서는 시민들의 자발적이고 적극적인 참여가 필요하다. 지역 사회의 문제를 해결하기 위해 시민이 함께 모여 의견을 나누고 해결책을 찾는 것이 하나의 방법이다. 이러한 과정을 통해 서로의 생각을 이해하고 다양한 의견을 존중하는 방법을 배우며 결과적으로 시민의 다양한 목소리를 반영할 수 있다.

활성화된 시민 사회를 만드는 책임은 시민과 정부 모두에게 있다. 시민은 시민 사회에 적극적으로 참여해 자유롭게 의견을 표현하고 행동하며, 이를 사회적으로 지지할 수 있는 기반을 마련해야 한다. 그래야 자신이 속한 사회에 책임감을 느끼고 사회 발전에 기여할 수 있다. 정부의 역할도 매우 중요하다. 정부는 시민으로부터 국가 운영을 위임받은 만큼 시민이 다양한 활동을 할 수 있게 지원하는 정책을 마련하고 필요한 자원을 제공해야 한다. 시민권을 보장하는 차원에서의 지원이 이루어져야 하며 권리 주장, 견제와 비판, 문제 해결, 사회적 자본 창출 등 다양한 분야가 균형 있게 성장하고 연결되도록 하는 정책이 필요하다.

건강한 시민 사회는 사회 발전의 원동력이다. 시민은 자발적으로 참여하고 의견을 나누며 문제를 해결하는 과정에서 서로의 생각을 이해하고 존중하는 방법을 배우게 된다. 시민의 적극적인 참여는 민주주의를 강화하며, 이때 정부가 시민의 참여를 지원하면 더욱 공정하고 건강한 사회로 발전시킬 수 있다. 이는 곧 더 나은 미래를 만드는 길이다.

똑똑하게 분석해 봅시다

- 문단별로 핵심어를 찾아 동그라미 표시해 보세요.

- 각 문단의 중심 내용을 정리해 보세요.

  1문단 :

  2문단 :

  3문단 :

  4문단 :

자유롭게 생각해 봅시다

- 시민 사회의 장점 또는 단점은 무엇인가요?

- 건강한 시민 사회를 이루기 위해 우리가 할 수 있는 것은 없을까요?

분명하게 표현해 봅시다

- 어떤 사회가 건강한 시민 사회라고 생각하는지 나의 생각을 정리해서 적어 봅시다.

정치라고 하면 대통령이나 국회의원, 국회를 가장 먼저 떠올릴지 모릅니다. 그것만이 정치는 아닙니다. 우리가 살아가는 방식을 결정하는 모든 것이 정치입니다. 학교에서 투표로 반장을 뽑는 일, 친구를 사귀는 일이나 모둠 과제를 하는 일까지 모든 것이 정치입니다. 반장을 선출하기 위해 각자의 의견을 내고 누군가에 대한 지지를 표명하고 투표를 통해 결과를 도출하는 과정은 명백한 정치적 결정입니다. 친구를 사귀거나 모둠 과제를 할 때, 협상과 타협을 통해 의견 차이를 조율하는 과정에도 정치적 요소가 반영됩니다. 우리가 일상에서 겪는 모든 의사소통과 결정의 과정이 정치라고 볼 수 있습니다.

정치에 관심을 갖는 것은 매우 중요합니다. 특히 청소년기에 형성된 관심이 성인이 되어서 능동적이고 자발적으로 정치에 참여하는 데 도움을 줍니다. 다양한 정치적 경험이 쌓여야 성숙한 시민으로 성장할 수 있습니다. 토론 대회나 봉사 활동, 캠페인에 참여하는 것도 좋습니다. 여러 활동은 청소년이 사회의 일원으로 책임감을 느끼고 공동체의 일원으로서 역할을 이해하는 데 도움을 줍니다. 2019년 12월 27일 공직선거법 개정안이 가결되면서 선거 연령이 '만 19세'에서 '만 18세'로 하향 조정되었습니다. 이로써 청소년 또한 자신의 의견을 직접적으로 반영할 기회를 가지게 되었습니다. 이는 청소년이 정치적 주체로 성장하는 데 큰 영향을 미칠 것입니다. 일상과 주변에 관심을 갖고 문제를 해결하려고 노력하는 과정에서 정치의식이 생깁니다. 그렇게 생긴 정치의식을 바탕으로 자신의 생각을 적극적으로 표현하는 청소년이 되면 좋겠습니다.

답

1문단: 시민의 개념

2문단: 시민 사회의 정의와 기능

3문단: 사회 발전의 원동력이 되는 시민 사회

4문단: 시민 참여의 중요성

6 대중교통이 우리 사회와 삶을 어떻게 바꾸고 있을까?

교통수단은 지리적 한계를 허물고 삶을 확장하는 역할을 해 왔다. 그중 대중교통은 기차, 자동차, 배 등 정해진 노선과 시간 계획에 따라 운행되는 운송 수단을 정해진 요금을 치르고 이용하는 서비스로 사람들의 일상생활에 필수 요소로 자리잡았다. 우리나라 지하철은 1971년 준공이 시작되어 1974년 8월 15일, 광복 29년을 기념으로 최초의 지하철 '종로선'이 개통되었다. 약 50년이 지난 현재, 서울에서만 하루 평균 1천 3백만 명 이상이 대중교통을 이용하고 있다.

환경부에 따르면 승용차의 온실가스 배출량은 약 210g인데, 여러 교통수단의 평균 온실가스 배출량은 27.7g에 불과하다고 한다. 일주일에 하루만 대중교통을 이용해도 연간 445kg의 이산화탄소를 줄여 어린 소나무 159그루를 심는 효과가 있다. 또한 출근길 차량의 60% 이상이 나 홀로 차량인데 나 홀로 차량이 늘어나면 그만큼 도로가 정체되어 목적지까지의 소요 시간이 늘어나고 에너지를 많이 사용하게 된다. 그에 비해 여러 사람이 함께 이용하는 대중교통은 도로의 차량을 줄여 사람들을 더 빠르게 이동하게 하여 에너지를 절약하도록 돕는다. 대중교통을 이용하는 것이 환경 오염을 줄이고 더 깨끗한 환경을 만드는데 기여하는 셈이다.

대중교통은 경제적 측면에서도 긍정적이다. 대중교통이 발달하면 사람들은 더 넓은 지역에서 일자리를 찾을 수 있다. 대중교통이 발달하면 접근하기가 수월해지기 때문이다. 일자리 선택의 폭이 넓어지면 노동 시장이 활성화되고 기업은 많은 인력을 확보할 수 있어 경쟁력을 높여 더 많은 일자리를 만들 수 있다. 대중교통이 활성화되어 사람들이 모이면 상점, 카페, 레스토랑 등의 상업 시설을 이용하는 고객도 증가한다. 이를 통해 그 지역의 일자리가 증가하고 경제적 순환도 활발해진다. 결과적으로 지역 경제를 활성화시키는 데에 도움이 될 수 있다.

대중교통을 이용하는 것은 단순히 이동 수단을 선택하는 것이 아니다. 이를 통해 환경을 보호하고 지역 경제를 활성화하며 다른 사람들과 소통하고 더 넓은 세상을 경험할 수 있는 기회를 가지는 것이다. 우리 모두 대중교통을 적극적으로 이용하고 그 중요성을 주변에 널리 알릴 필요가 있다. 어떻게 하면 많은 사람이 대중교통을 이용할 수 있을지 생각해 보고, 앞으로 대중고통을 더 많이 활용할 수 있는 방법을 함께 고민해 보아야 할 것이다.

똑똑하게 분석해 봅시다

- 문단별로 핵심어를 찾아 동그라미 표시해 보세요.

- 각 문단의 중심 내용을 정리해 보세요.

  1문단 :

  2문단 :

  3문단 :

  4문단 :

자유롭게 생각해 봅시다

- 대중교통을 찬성 또는 반대한다면 그 이유는 무엇인가요?

- 사람들이 대중교통을 많이 이용할 수 있는 방법에는 무엇이 있을까요?

분명하게 표현해 봅시다

- 평소에 대중교통을 많이 이용하는 편인가요? 대중교통 이용에 대한 나의 생각을 정리해서 적어 봅시다.

예전에는 고속도로 톨게이트를 지나려면 요금 수납원에게 고속도로비를 직접 내야 했습니다. 그러나 하이패스를 도입하고 난 이후 톨게이트를 통과하기만 하면 고속도로비를 낼 수 있게 되었고, 이로 인해 톨게이트를 통과하는 시간이 단축되어 도로 이용이 훨씬 편리해졌습니다. 대중교통 역시 더욱 편리하고 효율적으로 이용할 수 있도록 다양한 노력이 이어지고 있습니다. 그중 하나가 하이패스와 같은 대중교통 태그리스Tagless입니다. 이는 교통카드 없이도 대중교통의 승하차를 가능하게 하는 비접촉 버스 요금 결제 시스템입니다.

대중교통 태그리스의 원리는 스마트폰의 저전력 블루투스Bluetooth Low Energy, BLE와 버스 내에 설치된 무선통신 장치인 비콘Beacon의 상호 작용입니다. 태그리스 앱이 설치된 스마트폰을 인식하면 자동으로 결제가 되는 것입니다. 블루투스 통신으로 비콘과 스마트폰이 소통하는 셈입니다. 태그리스를 사용하기 위해서는 태그리스 앱을 설치해야 하며, 이 앱을 통해 개찰구에서 요금을 결제하기 위해 대기하는 줄을 줄일 수 있으며 승하차 시간과 요금도 실시간으로 확인할 수 있습니다.

현금으로 대중교통을 이용하던 시기를 지나 카드로 대중교통을 이용하게 되었고 이제는 카드 없이도 요금을 결제할 수 있는 시대가 다가왔습니다. 대중교통의 편리함을 증진시키기 위해서 다양한 IT 기술이 도입되고 있습니다. 앞으로도 다양한 IT 기술의 도입으로 대중교통의 이용은 점점 더 편리해질 것입니다.

답

1문단: 대중교통의 역사와 변천   2문단: 대중교통의 환경적인 이점
3문단: 대중교통의 경제적인 이점   4문단: 대중교통 이용의 중요성

호주 정부가 청소년의 SNS 사용을 제한하는 법안을 통과시켰다. 16세 미만인 청소년의 SNS 사용을 금지하고 이를 어기면 SNS 기업은 벌금을 부과받는다. 설령 부모가 SNS 사용에 동의하더라도 사용할 수 없다. 호주의 이 법안은 청소년이 SNS 중독에 빠지거나 온라인상의 폭력과 혐오에 노출되는 것을 방지하기 위해 만들어졌다. 호주 정부는 SNS가 청소년에게 미치는 부정적인 영향을 심각하다고 판단하여, 연령 제한법을 통해 청소년들이 SNS에서 벗어나 현실 세계에서 더 많은 경험을 쌓게 하겠다고 말했다.

　　청소년의 SNS 사용을 제한하는 움직임은 호주뿐 아니라 전 세계 여러 나라에서 공통적으로 나타나고 있다. 미국 캘리포니아주에서는 학기 중 부모의 동의 없이 SNS 서비스들이 18세 미만 청소년에게 '알림'을 보낼 수 없게 했고, 뉴욕주와 유타주도 청소년의 SNS 사용을 제한하는 법안을 통과시켰다. 미국의 42개 주 법무장관들은 SNS에 '청소년 건강에 유해하다'라는 경고문을 게시하는 법안을 마련해야 한다고 발표하기도 했다. 프랑스는 15세 미만의 청소년이 부모나 보호자 동의 없이 SNS 계정을 만들 수 없도록 했고, 영국은 청소년이 유해한 콘텐츠에 접근하지 못하도록 보호하는 '온라인 안전법'을 시행하고 있다.

　　청소년기는 정체성과 가치관이 형성되는 시기로 또래와의 비교를 통해 많은 영향을 주고받는다. 특히 요즘은 SNS를 통해 인간관계를 형성하고 다양한 정보를 주고받는 경향이 있는데, 시각적이고 즉각적인 SNS는 청소년의 삶에 절대적인 영향력을 행사한다. 미국 보건당국에 따르면 매일 3시간 이상 SNS를 사용하는 청소년들은 우울과 불안을 경험할 확률이 그렇지 않은 경우보다 2배 더 높다고 한다. SNS를 통해 끊임없이 자신과 타인을 비교하면서 우울해 하기 때문이다. 또 다른 문제는 폭력적이거나 선정적인 유해 콘텐츠를 만들거나 이에 쉽게 노출되는 것이다. 기절할 때까지 목을 조르거나 가슴을 압박하는 등 위험한 챌린지가 유행하여 이를 따라하다가 목숨을 잃는 사고가 발생하기도 했다. 성인 콘텐츠나 폭력적인 내용 등 유해 콘텐츠가 무분별하게 퍼지면 청소년의 건전한 성장과 정신적 안정에 해를 끼치기도 한다.

청소년의 SNS 제한에 대해 청소년 인권을 과도하게 제한하거나 프라이버시를 침해하는 것이 아니냐는 우려도 있다. 하지만 청소년은 신체적·정신적으로 성장하는 중요한 시기로, 과도한 SNS 사용은 청소년의 정상적인 성장 과정에 심각한 위협이 될 수 있다는 연구가 잇따라 발표되고 있다. 청소년들이 SNS를 어떻게 사용해야 건강한 디지털 환경에서 성장할 수 있을지 진지한 고민이 필요한 시기이다. 이를 통해 청소년들에게 안전하고 긍정적인 환경을 제공할 수 있는 구체적인 방안을 마련해야 한다.

똑똑하게 분석해 봅시다

- 문단별로 핵심어를 찾아 동그라미 표시해 보세요.

- 각 문단의 중심 내용을 정리해 보세요.

  1문단 :

  2문단 :

  3문단 :

  4문단 :

자유롭게 생각해 봅시다

- 청소년의 SNS 사용 제한에 대해 찬성 또는 반대한다면 그 이유는 무엇인가요?

- SNS 사용을 제한하는 것은 청소년의 자유와 자율성을 침해하는 것일까요?

분명하게 표현해 봅시다

- 평소에 SNS를 많이 사용하는 편인가요? 청소년의 SNS 사용 제한에 대한 나의 생각을 정리해서 적어 봅시다.

SNS는 사용자가 좋아할 만한 콘텐츠를 추천하기 위해, 사용자가 특정한 주제나 의견에 대한 게시물을 자주 클릭하거나 '좋아요'를 누르면 그와 비슷한 내용의 게시물이 더 많이 노출되게 합니다. 이렇게 필터링한 정보를 이용자의 특징에 맞춰 제공합니다. 이는 좋아하고 관심 있는 내용을 중점적으로 볼 수 있다는 장점도 있지만 다양한 시각이나 새로운 정보를 차단된다는 문제점도 있습니다.

이렇게 자신이 좋아하거나 관심 있는 정보만을 골라 보는 현상을 '필터 버블Filter Bubble'이라고 합니다. 관심이 있거나 나의 신념을 지지하는 정보만 보면 의견을 확고하게 할 수 있지만 균형 잡힌 시각을 잃는 확증 편향이 생길 수 있습니다. 게다가 정보를 필터링하는 알고리즘에 정치적이거나 상업적 논리가 개입된다면 자신도 모르는 사이에 왜곡된 가치관을 가지게 될 수 있습니다. 한정된 정보를 지속적으로 접하면 반대 성향을 가진 사람들의 글이나 새로운 정보, 평소 보지 않던 분야의 뉴스 등을 접할 기회를 박탈당해 지식과 가치관을 확대할 수 있는 기회를 잃을 수 있습니다. 게다가 개개인의 필터 버블을 만드는 알고리즘은 사람이 아니므로 윤리성을 가지거나 가치를 판단하지 않습니다.

이러한 문제를 해결하기 위해 다양한 매체를 통해 다양한 의견을 찾아보는 것이 중요하며, 정보를 접할 때마다 사실 여부와 근거를 생각해 보는 습관이 필요합니다. SNS에 너무 많은 시간을 할애하면 필터 버블과 확증 편향에 빠질 수 있으므로 언제나 다양한 의견을 존중하고 열린 마음으로 소통하려는 태도가 필요합니다.

 답

1문단: 호주 정부의 청소년 SNS 사용 금지 법안 통과   2문단: 전 세계의 청소년 SNS 사용 제한 움직임
3문단: 청소년 SNS 사용의 부정적인 영향   4문단: 건강한 청소년 SNS 사용 방법에 대한 고민

온라인에서의 익명성,
표현의 자유일까 무책임의 시작일까?

오늘날 많은 사람이 인터넷을 사용할 때 실명을 사용하여 자신의 신원을 드러내기보다 익명성을 유지하면서 소통한다. 인터넷은 다양한 의견과 생각을 자유롭게 표현할 수 있는 공간으로, 익명으로 글을 쓰면 사회적 이슈나 정치적 문제에 대해 비판적인 의견을 솔직하게 표현할 수 있다는 장점이 있다. 익명성이 보장되면 신원을 드러내기 어려운 사건에서도 안전하게 자신의 경험이나 고민을 이야기할 수 있다.

그러나 인터넷상의 익명성은 여러 가지 부작용을 초래할 가능성이 있다. 가장 큰 문제는 책임감 결여이다. 인터넷에서는 자신의 이름이나 신분이 알려지지 않기 때문에 자신의 행동에 대한 책임을 지지 않으려는 경향이 생긴다. 이를 이용해 허위 정보나 비방을 퍼뜨리는 악의적인 행동을 할 가능성이 높다. 이러한 현상은 사이버 공간에서의 불법 행위, 즉 사이버 범죄나 해킹 등으로 이어질 수 있다. 이런 상황이 발생했을 경우 피해자는 큰 상처를 입지만 가해자가 누구인지 알 수 없어 처벌하지 못하는 경우가 발생할 수 있다. 이는 피해자에게 더 큰 상처를 줄 수 있다. 이러한 익명성의 부작용을 악용해 사람들은 자신의 의견을 자유롭게 표현하는 동시에 허위 정보와 악의적인 비방이 넘치는 환경에서 소통한다. 이는 건전한 의견 교환을 저해하고 인터넷 공간을 위험하게 만든다.

이러한 문제를 해결하기 위해 인터넷 실명제가 제안되었다. 인터넷 실명제는 사용자의 실명을 확인하고 이를 기반으로 인터넷 활동을 제한하는 제도이다. 이 제도의 목표는 사이버 범죄를 줄이고 악의적인 행동을 예방하는 것이었으나, 인터넷 속의 '생각의 자유'에서 이루어지는 다양한 의견 교환을 억제할 수 있어 반대 의견도 많았다. 시민 단체들은 인터넷 실명제가 국민의 의사 표현을 위축할 수 있으며 민주주의의 근간을 이루는 자유로운 여론 형성을 방해할 수 있다고 주장했다. 결국 인터넷 실명제는 2012년 헌법재판소에서 "표현의 자유는 민주주의의 근간이 되는 중요한 헌법적 가치"라는 이유로 위헌으로 결정되었다.

그러나 결코 익명성의 부작용을 간과해서는 안 된다. 인터넷의 익명성과 개인의 책임 사이에서 어떻게 조화를 이룰 것인지에 대한 진지한 논의가 필요하다. 익명성을 활용하면서도 동시에 서로를 존중하고 책임감을 가지고 소통할 수 있는 방법을 찾아야 한다. 또한 우리의 생각과 의견을 나누는 공간이 건강하고 안전하게 유지되기 위해서는 모든 사용자가 자신의 행동에 책임을 느끼는 문화가 반드시 필요하다. 이러한 균형이 이뤄져야 인터넷 익명성을 보장받고 자유롭게 자신의 의견을 표출할 수 있을 것이다.

똑똑하게 분석해 봅시다

● 문단별로 핵심어를 찾아 동그라미 표시해 보세요.

● 각 문단의 중심 내용을 정리해 보세요.

1문단 :

2문단 :

3문단 :

4문단 :

자유롭게 생각해 봅시다

● 인터넷 실명제에 대해 찬성 또는 반대한다면 그 이유는 무엇인가요?

● 인터넷 익명성의 장점 또는 단점에 대해 느낀 적이 있나요?

분명하게 표현해 봅시다

● 인터넷을 사용할 때 익명으로 사용하는 것이 좋나요, 자신을 밝히고 쓰는 것이 좋나요? 인터넷 익명성에 대한 나의 생각을 정리해서 적어 봅시다.

　　표현의 자유는 민주 사회에서 매우 중요한 가치입니다. 표현의 자유란 개인이 자신의 의견이나 생각을 자유롭게 말하고 쓸 수 있는 권리를 말합니다. 이는 민주주의 사회의 기본 원칙 중 하나로, 다양한 의견이 존중받고 건강한 토론이 이루어지도록 하는 중요한 기반입니다. 이를 통해 사회 구성원들이 다양한 정보를 접하고 의견을 교환해서 보다 나은 결정을 내릴 수 있기 때문입니다.

　　표현의 자유를 누리려면 사회적 책임이 필요합니다. 자신의 의견을 표현할 때는 상대를 존중하는 태도를 가지고 사실에 근거하여 주장해야 합니다. 다양한 의견에 대해 비판적으로 검토하고 받아들이는 태도도 중요합니다. 이런 자세를 갖출 때 보다 풍부하고 깊이 있는 토론이 가능합니다. 자유롭게 생각을 표현하되, 자신의 글이나 말이 누군가에게 상처를 줄 수도 있다는 점을 인식하고 신중하게 표현해야 합니다. 이러한 것이 바로 사회적 책임을 갖춘 태도입니다.

　　우리는 모두 표현의 자유를 갖고 있는 동시에 사회적 책임 또한 갖고 있음을 잊지 말아야 합니다. 인터넷과 SNS가 발달할수록 생각을 쉽게 나눌 수 있습니다. 하지만 동시에 그것이 얼마나 즉각적으로 퍼지고, 때로는 그것이 예상치 못한 결과를 초래할 수도 있다는 것을 잊지 말아야 합니다. 신중하게 자신의 의견을 표현하고 동시에 다양한 의견을 존중하며 열린 마음으로 대화에 임해야 합니다. 그래야 건강하고 포용적인 소통 문화를 만들 수 있습니다. 표현의 자유는 개인이 가지고 있는 권리이지만, 사회적 책임을 다해야 그 자유를 더욱 의미 있게 만들 수 있다는 것을 꼭 기억하면 좋겠습니다.

 답

1문단: 인터넷 익명성의 장점　　　　　　2문단: 인터넷 익명성의 단점
3문단: 인터넷 실명제의 의도와 경과　　　4문단: 인터넷의 익명성과 개인의 책임에 대한 논의

2장

역사

"역사를 잊은 민족에게 미래는 없다." 단재 신채호 선생이 한 말로 알려진 이 말은 과거의 잘못이나 아픔을 잊거나 되풀이하지 말자는 의미이다. 역사는 정치, 경제, 사회, 문화, 종교 등 여러 방면에 걸친 인류의 경험과 지혜가 집약된 기록이다. 역사를 배우는 것은 과거에 있었던 사실에 대한 지식을 익히는 것뿐만 아니라, 역사적 인물이나 사건을 통해 현재를 살아가는 데 필요한 능력과 교훈을 얻는 과정이기도 하다. 역사를 배움으로써 우리는 인간 생활에 대한 지식의 보고에 다가갈 수 있다.

현재에도 역사는 끊임없이 연구되고 재정립되고 있다. 이는 진실을 밝혀 나가는 학문이라는 역사의 특성 중 하나이다. 과거를 모르는 사람은 현재와 미래를 이해할 수 없기 마련이다. 우리는 항상 과거의 경험을 바탕으로 현재를 차근차근 발전시켜 왔다. 오늘날 인류의 문명 역시 어느 날 갑자기 생긴 것이 아니라 과거부터 지금까지 수많은 역사적 경험과 시행착오의 결과로 형성된 것이다. 어떤 학문도 처음부터 새롭게 시작할 수 없다. 역사 속 사건 사이에는 항상 필연적인 인과 관계가 존재한다. 그 현상이 발생한 원인과 과정, 그리고 그로 인한 결과가 있다. 이를 전반적으로 이해하는 것이 역사를 학습하는 진정한 자세이다. 역사를 잘 이해해야 현재를 분석하여 미래를 설계할 수 있다.

과거가 있어야 현재가 있는 법이다. 개인이 살아갈 때도 똑같은 실수를 반복하지 않기 위해 과거에 했던 실수를 다시 살피고 더 나은 방안을 찾는다. 역사를 공부하는 것도 마찬가지다. 역사를 배우는 것은 단순히 시간의 흐름에 따라 사건을 익히기 위한 것이 아니라, 그 일이 왜 일어났으며 이를 반복하지 않으려면 어떻게 해야 하는지 고민하여 더 나은 삶을 살기 위한 것이다. 과거의 사건은 단순히 지나간 일이 아니라 오늘날 우리의 사고와 행동에 깊은 영향을 미친다. 놀랍게도 역사는 비슷하게 반복되는 경우가 많다. 역사적 사건을 분석하고 그 맥락을 이해하면 현대 사회의 문제를 해결하는 열쇠를 찾을 수 있다. 역사적 사건뿐 아니라 인물의 선택과 행동을 통해 어떻게 살아야 하는지 삶의 방향을 찾을 수 있다. 그들의 성공과 실패를 통해 우리는 더 나은 미래를 설계할 수 있는 통찰을 얻을 수 있다. 특히 급속하게 발전하고 있는 기술을 통해 인간의 창의성을 위한 도구를 발전시키기 위해서는 윤리적이고 역사적인 통찰이 필요하다.

인간은 과거와 타인으로부터 배운다. 그것이 바로 삶을 살아가는 법칙이다. 역사는 이런 법칙들이 쌓여 온 과정이다. 역사를 배움으로써 삶에 대한 통찰력을 가질 수 있다. 역사를 배우고 기억하는 것이 바로 더 나은 미래를 만드는 길이다.

똑똑하게 분석해 봅시다

- 문단별로 핵심어를 찾아 동그라미 표시해 보세요.

- 각 문단의 중심 내용을 정리해 보세요.

  1문단 :

  2문단 :

  3문단 :

  4문단 :

자유롭게 생각해 봅시다

- 역사 공부에 대해 찬성 또는 반대한다면 그 이유는 무엇인가요?

- 역사를 배우는 효과적인 방법에는 무엇이 있을까요?

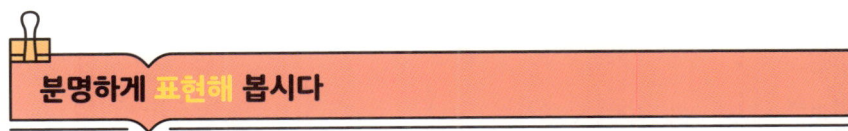

분명하게 표현해 봅시다

- 학교에서 세계사나 한국사를 배웠던 경험을 떠올려 보세요. 그 경험이 나의 삶에서 어떤 영향을 미쳤는지에 대한 나의 생각을 정리해서 적어 봅시다.

"사람이 만든 책보다 책이 만든 사람이 더 많다."라는 말이 있습니다. 사람들은 책 속에서 세상과 사람을 배웁니다. 그럼 우리가 책을 읽는 이유는 무엇일까요? 우선 새로운 단어나 개념을 접할 수 있습니다. 우리는 종종 어떤 단어를 안다고 하지만, 막상 그 뜻이나 쓰임을 제대로 이해하고 있지 못할 때가 많습니다. 우리는 책을 통해 이러한 착각에서 벗어나서 대강 알고 있던 것을 명확히 이해하고 어휘력과 표현력도 늘릴 수 있습니다. 다양한 표현을 접하거나 새로운 방식으로 생각을 전달하는 방법도 배울 수 있습니다. 또한 우리는 책을 읽는 동안 자신이 하지 못했던 생각을 하게 되기도 하고 자신을 돌아보며 성찰하고 아이디어를 발견할 수도 있습니다. 새로운 도전에 책은 소중한 자원이 되며 과거의 실수나 실패를 반복하지 않도록 돕기도 합니다.

이런 측면에서 책을 읽는 것은 역사를 배우는 것과 비슷한 면이 많습니다. 책 속의 인물들과 직접 대화할 수는 없지만 그들의 삶을 살펴보고 지혜를 얻는 과정에서 현재를 어떻게 살아야 할지, 미래를 어떻게 준비해야 할지 고민하며 해답을 찾습니다.

책은 단순히 종이가 아닙니다. 한 인간의 사고와 감정, 경험이 응축된 집약체입니다. 책으로 인간이 살 수 있는 기간보다 더 긴 역사의 흐름을 공부하면서 인간들의 응축된 사고와 감정, 경험을 살펴볼 수 있습니다. 이러한 경험을 통해 우리는 더 나은 사람으로 성장하고 더욱 깊이 있는 삶을 살아갈 수 있습니다. 독서와 역사 공부가 주는 통찰력과 교훈을 통해 자신의 위치를 재조명하고 더 나은 미래를 설계할 수 있기를 바랍니다.

 답

1문단: 역사를 배우는 것의 중요성   2문단: 과거를 이해하고 현재를 분석하는 학문이라는 역사의 특성
3문단: 과거와 현재와의 밀접한 관계   4문단: 더 나은 미래를 만들기 위한 역사 공부

제1차 세계 대전(1914~1918)과 제2차 세계 대전(1939~1945)은 인류 역사에서 중요한 사건으로 정치, 경제, 사회, 문화 등 여러 분야에 큰 영향을 미쳤다. 제1차 세계 대전은 오스트리아-헝가리 왕가의 후손인 프란츠 페르디난트Franz Ferdinand 황태자 부부가 암살되면서 시작되었다. 이 전쟁에는 영국, 프랑스 등 여러 국가가 참전하였고 전쟁의 결과로 많은 나라가 붕괴되거나 국경이 재편성되었다. 오스트리아-헝가리 제국과 오스만 제국은 해체되었고, 새로운 국가들이 탄생하며 유럽의 정치 지도가 크게 변화했다. 전쟁 전후에 체결된 베르사유 조약은 독일에 막대한 배상금을 부과하며 후일 정치적 갈등을 초래하는 계기가 되었다.

1939년 독일이 폴란드를 침공하며 시작된 제2차 세계 대전은 역사상 가장 광범위하고 파괴적인 전쟁이었다. 전쟁은 유럽, 아시아, 아프리카, 태평양 등 여러 지역으로 확대되었고 수많은 인명 피해와 재산 피해가 발생했다. 특히 유럽과 아시아의 주요 도시들이 심각하게 파괴되었으며 전쟁의 여파는 사회·경제·문화 전반에 걸쳐 나타났다. 제2차 세계 대전 종결 후, 냉전이라는 새로운 시대에 접어들었다. 미국과 소련이 자본주의와 공산주의를 대표하며 대립하였고 전 세계 역시 이념적 갈등과 군비 경쟁의 시대에 접어들었다.

제1차 세계 대전 이후 많은 나라가 경제적 어려움을 겪으며 대공황으로 이어졌고 미국이 경제적으로 부상하면서 세계 경제의 중심이 되었다. 전후 서유럽 재건과 공산주의 확산 방지를 위한 미국의 대규모 원조 정책인 마셜 플랜Marshall Plan과 같은 지원 프로그램을 통해 유럽의 재건이 이루어졌고 국제 무역과 협력이 활성화되었다. 세계 대전으로 사회적으로도 많은 변화가 생겼다. 전쟁으로 인력이 부족하게 되어 여성이 사회에서 중요한 역할을 맡았고 이는 여성의 권리가 강화되는 계기가 되었다. 이 시기에 인권과 평화에 대한 논의가 활발해져 국제 연합UN과 같은 국제기구가 설립되었다. 이는 세계 평화 유지와 인권 보호를 위한 중요한 기초를 마련하였다. 또한 전쟁의 참상과 고통을 바탕으로 한 문학과 예술이 많이 등장해 전쟁의 의미를 다시 생각하는 계기가 되었다. 특히 음악과 영화 등 다양한 매체를 통해 전 세계에 평화의 중요성을 강조하는 메시지가 퍼지기도 했다.

세계 대전은 우리에게 평화의 소중함과 인권의 가치를 알려 주었다. 현재 우리 인류는 그 어느 때보다 평화로운 시기를 맞고 있지만 이러한 평화를 지속하기 위해서는 과거의 참혹한 전쟁을 잊지 않고 그 교훈을 되새기는 것이 중요하다. 다시는 이러한 일이 반복되지 않도록 국가 간의 협력과 대화를 통해 해결해야 한다. 또 다양한 방법의 교육을 통해 다음 세대에게 평화와 인권의 가치를 전달해야 할 것이다.

똑똑하게 분석해 봅시다

- 문단별로 핵심어를 찾아 동그라미 표시해 보세요.

- 각 문단의 중심 내용을 정리해 보세요.

  1문단 :

  2문단 :

  3문단 :

  4문단 :

자유롭게 생각해 봅시다

- 전쟁에 대해 찬성 또는 반대하는 이유는 무엇인가요?

- 전쟁이 일어나지 않기 위해 내가 할 수 있는 일은 무엇일까요?

분명하게 표현해 봅시다

- 세계 대전에 대해서 좀 더 알아보고, 세계 대전이 전 세계에 어떤 영향을 주었는지, 그리고 우리나라에 어떤 영향을 주었는지에 대한 나의 생각을 정리해서 적어 봅시다.

일제 강점기(1910~1945)는 일본이 한국을 강제로 병합하고 식민지로 삼은 시기입니다. 일본은 한국을 병합한 후, 한국어 사용을 금지하고 일본식 교육을 강요하며 전통문화를 말살하는 정책을 폈습니다. 이에 저항하기 위해 많은 한국인이 항일 운동에 참여했습니다. 특히 1919년 3월 1일 일어난 3.1운동은 한국 전역에서 전개된 대규모 독립운동입니다.

　1930년대에는 일본의 군국주의가 강화되면서 한국은 군사 자원으로 활용되기 시작했습니다. 일본은 한국의 인력과 자원을 전쟁에 동원하기 위해 다양한 정책을 펼쳤습니다. 제2차 세계 대전 동안 착취는 심화되었습니다. 전쟁의 물자를 강제로 공출하고 한국인들을 강제로 징집해 군사 작전에 투입하고 노동력으로 사용했습니다. 특히 가미카제, 일본군 위안부 등으로 많은 한국인이 희생되었습니다.

　1945년 제2차 세계 대전이 끝나면서 한국은 해방을 맞이했습니다. 그러나 해방의 기쁨도 잠시, 한국은 미국과 소련의 영향력 아래 분할되었습니다. 남한은 미국의 지원을 받으며 민주주의 국가를 지향했고, 북한은 소련의 지원을 받아 공산주의 국가로 발전하게 됩니다. 이는 한국전쟁(1950~1953)으로 이어졌습니다. 북한이 남한을 침공하며 발발했고, 한반도의 분단을 고착화시켰습니다. 한반도는 현재까지도 분단 상황이 지속되고 있습니다.

　역사적 사건들은 서로 긴밀하게 연결되어 있습니다. 일제 강점기와 제1차 세계 대전, 제2차 세계 대전 그리고 한반도의 분단은 모두 영향을 주고받았습니다. 역사는 서로 얽힌 사건들의 복합적인 흐름이라는 점을 기억하면 좋겠습니다.

1문단: **제1차 세계 대전의 발발과 영향**　　2문단: **제2차 세계 대전의 발발과 결과**

3문단: **세계 대전의 영향**　　4문단: **세계 대전의 교훈과 우리의 자세**

인도의 비폭력 저항 운동은 어떤 가치를 갖고 있을까?

대부분의 전쟁은 폭력적이다. 그러나 20세기 초반 인도의 비폭력 저항 운동은 폭력을 사용하지 않고 부당한 권력에 맞서 싸운 대표적인 사례로 남아 있다. 당시 비폭력 저항 운동의 중심에는 마하트마 간디가 있었다. 그는 폭력이 문제를 해결하지 못한다는 점을 강조하며, 폭력 대신 사랑과 이해를 바탕으로 갈등을 해결해야 한다고 주장하였다. 인도의 비폭력 저항 운동은 단순히 식민지 지배에 대한 저항을 넘어, 모든 인권과 평등의 주장에 초점을 맞추었다. 비폭력 저항 운동의 목표는 독립만이 아닌 사회 정의와 인권 수호에 있었다.

간디의 대표적인 비폭력 저항 운동은 소금 행진 또는 소금 사탸그라하Satyagraha 운동이다. 이는 1930년대 영국 식민지 하의 인도에서 일어난 중요한 사건으로, 영국 정부가 부과한 소금세를 폐지하고 인도의 독립을 주장하기 위해 마하트마 간디가 주도한 비폭력 시민 불복종의 상징적인 행진이었다. 영국 정부는 인도 국민이 필수품인 소금을 직접 만들지 못하고 구매하게만 했는데, 이 과정에서 세금을 부과하여 인도 국민에게 경제적으로 부담을 안겼다. 간디는 소금세가 단순한 세금 이상의 의미를 지닌다고 생각했다. 그래서 소금 행진을 통해 인도 국민의 자존심과 독립 의지를 고취시키려 했다. 소금 행진은 3월 12일부터 26일간 지속되었고, 수많은 사람이 소금 행진에 동참하며 그의 메시지에 공감했다.

인도의 비폭력 저항 운동은 전 세계에 큰 영향을 미쳤다. 마틴 루서 킹^{Martin Luther King}은 인종 차별에 맞서 싸우기 위해 비폭력 저항을 채택해 미국 내에서 강력한 인권과 평등을 위한 운동을 이끌었고, 남아프리카의 넬슨 만델라^{Nelson Mandela} 역시 아파르트헤이트^{apartheid} 철폐를 위한 운동을 주도하며 비폭력적인 방법과 평화로운 대화를 통해 사회적 변화를 이루려 했다. 동티모르의 독립 운동가들도 비폭력 원칙을 바탕으로 인도네시아의 점령에 저항했고, 2010년대 초반 아랍의 봄 운동에서도 많은 시민이 평화로운 시위로 민주화를 요구했다. 이처럼 인도의 비폭력 저항 운동은 인도의 독립을 넘어서 전 세계적으로 다양한 독립 운동과 인권 운동에 큰 영향을 미쳤다.

인도의 비폭력 저항 운동은 폭력 없이도 사회를 변화시킬 수 있다는 가능성을 보여 주었고, 인류가 평화롭게 공존할 수 있는 길을 모색하는 데 중요한 역할을 했다. 비폭력 저항 운동은 사람들 간의 이해와 존중을 바탕으로 사회적 연대의 중요성을 강조한다. 현재 우리 사회에도 다양한 갈등이 나타난다. 이 문제들을 해결하기 위해서는 서로의 입장을 이해하고 대화를 통해 평화로운 해결책을 찾는 노력이 필요하다. 이러한 과정 속에서 상호 신뢰를 쌓고 협력하는 자세가 뿌리내릴 때 진정한 평화로운 사회가 이루어질 것이다.

똑똑하게 분석해 봅시다

- 문단별로 핵심어를 찾아 동그라미 표시해 보세요.

- 각 문단의 중심 내용을 정리해 보세요.
  1문단 :
  2문단 :
  3문단 :
  4문단 :

자유롭게 생각해 봅시다

- 비폭력이 필요한 이유는 무엇인가요?

- 갈등이 일어났을 때 평화롭게 해결하려면 어떻게 해야 할까요?

분명하게 표현해 봅시다

- 나는 갈등이 발생했을 때 어떻게 하는 편인가요? 비폭력 저항 운동에 대한 나의 생각을 정리해서 적어 봅시다.

마하트마 간디(1869~1948)가 태어났을 때 인도는 영국의 식민지였습니다. 1888년 영국 런던에서 법학을 공부한 간디는 서구 사회의 인종 차별과 불평등을 경험했습니다. 이 경험은 간디가 사회 정의에 관심을 갖게 되는 중요한 계기가 되었습니다. 법학 공부를 마친 후 그는 남아프리카 공화국으로 건너가 인도인 노동자의 권리를 위해 싸웠습니다. 인종 차별에 저항하며 '사탸그라하'라는 철학을 발전시키기도 했습니다. 이 철학은 폭력 대신 사랑과 이해를 통해 사회 변화를 이루고자 하는 원칙입니다.

1915년 인도로 돌아온 간디는 인도 독립 운동에 본격적으로 참여합니다. 그는 인도 국민에게 비폭력 저항의 중요성을 알리고 대중을 조직했습니다. 간디의 대표적 활동 중 하나는 1930년의 소금 행진입니다. 이 행진은 비폭력 저항의 상징적인 행동을 보여 준 사건이었습니다. 이 행진은 많은 인도인에게 큰 감동을 주었고 국제 사회의 주목을 받게 만들었습니다. 비폭력을 삶의 원칙으로 삼았던 그는 갈등을 해결하는 데 있어 대화와 이해의 중요성을 강조했으며, 이러한 철학은 인도의 독립 운동뿐만 아니라 전 세계의 인권 운동에도 큰 영향을 미쳤습니다. 1947년 인도는 마침내 독립을 이루었지만 1948년 간디는 암살당했습니다. 비록 육신은 사라졌지만 그의 철학과 비폭력 저항의 정신은 여전히 남아 있습니다.

갈등 상황에서는 서로 존중하고 평화롭게 소통해야 합니다. 비록 불공정한 상황이 발생하는 경우가 있어도 비폭력적이고 합리적인 방법으로 상대를 존중하며 문제를 해결하려고 노력하는 자세를 지니면 좋겠습니다.

 답

1문단: 인도의 비폭력 저항 운동　　　2문단: 소금 사탸그라하 운동
3문단: 비폭력 저항 운동이 전 세계에 미친 영향　　　4문단: 이해와 존중을 바탕으로 한 갈등 해결의 중요성

한국 전쟁 당시 한강 대교를 폭파한 이승만, 그의 결정은 정당할까?

1950년 6월 25일 한국 전쟁이 발발한 지 3일 뒤인 6월 28일, 한강 대교가 폭파되었다. 이승만 대통령의 한강 대교 폭파 결정의 정당성에 대한 논의는 여전히 복잡하다. 한국 전쟁이 발발한 이후 북한군은 서울로 진입했다. 이에 따라 국군은 도시를 방어하기 위해 신속한 조치를 취해야 했다. 이승만 대통령은 북한군의 급속한 진입을 저지하고 우리 병력과 피란민의 안전을 보장하기 위해 한강 대교를 폭파하기로 결정을 내렸다. 군사적 관점에서 볼 때 한강 대교를 폭파함으로써 북한군의 진입을 저지하고 서울을 방어할 수 있다고 판단했을 가능성이 크다.

하지만 이 결정은 시민들에게 큰 피해를 안겼다. 당시 한강 대교는 사람과 차량이 건널 수 있는 유일한 교량이었기에 많은 사람이 한강 대교에 있었다. 안내 없이 갑자기 한강 대교를 폭파해서 수많은 사람이 물에 빠지거나 다치는 참사가 발생한 것이다. 아무리 전쟁 중이라 하더라도 인명 피해는 결코 가볍게 여길 수 없는 문제이다. 게다가 이승만 대통령은 전날 밤인 6월 27일, 방송을 통해 국민에게 안심하라는 담화를 발표한 상황이었다. 자신은 서울을 떠나 남쪽으로 이동하고 국민은 전쟁의 위험이 있는 서울에 남아 있게 한 점도 대통령으로서 국민의 삶과 안전에 대한 책임을 다하지 못한 것으로 비판받아 마땅하다.

한강 대교 폭파 사건 희생자의 성격과 그 중요성에 대해서는 두 의견이 팽팽하게 대립하고 있다. 한편에서는 군인과 경찰의 희생이 주를 이루었다고 주장하고 다른 한편에서는 상당한 수의 민간인도 피해를 입었다고 주장한다. 군인과 경찰의 희생이 주를 이었다고 주장하는 측은 한강 대교 폭파는 북한군의 진격을 저지하기 위한 전술적 결정이라고 말한다. 군인과 경찰의 목숨은 전시 상황에서 국가의 안보를 지키기 위함이었으며 전쟁에서 이들의 희생은 불가피했다고 볼 수 있다. 반면 민간인이 피해를 입었다고 주장하는 측은 전쟁으로 인한 혼란과 불안이 많은 민간인에게 고통을 안겼고 남아 있던 민간인은 전쟁의 희생자가 되었다고 말한다. 아무리 전시 상황이라 하더라도 사람의 목숨은 소중하게 여겨야 한다는 것이다.

대통령은 어떤 상황에서도 군인과 경찰, 민간인의 안전을 충분히 고려하여 결정을 내려야 할 의무가 있다. 국군 통수권자로서 대통령은 모든 국민의 생명과 안전을 최우선으로 삼아야 하며 이를 소홀히 한다면 지도자로서 책임을 다하지 못하는 것이다. 전쟁과 같은 비극 속에서도 모든 생명을 존중하고 보호하는 것이 진정한 리더십이다. 국가 지도자가 국민의 생명을 존중하며 안전을 최우선에 두는 모습을 보일 때, 대통령에 대한 국민의 신뢰와 지지는 자연스럽게 높아질 것이다.

● 문단별로 핵심어를 찾아 동그라미 표시해 보세요.

● 각 문단의 중심 내용을 정리해 보세요.

1문단 :

2문단 :

3문단 :

4문단 :

● 한국 전쟁 동안 이승만 대통령의 긍정 또는 부정적인 면은 무엇인가요?

● 전시 상황에서 희생되는 목숨에 대해 윤리적으로 고려할 방법이 있을까요?

● 만약에 내가 건너고 있던 다리가 폭파되었다고 상상해 보세요. 그 상상을 바탕으로 한강 대교 폭파 사건에 대한 나의 생각을 정리해서 적어 봅시다.

전쟁은 국가 간의 갈등이나 이익 충돌로 발생하며 심각한 결과를 초래합니다. 전쟁이 일어나면 많은 사람이 부상을 입거나 목숨을 잃습니다. 그 외에도 트라우마, 우울증, 불안 등 다양한 정신적 고통을 겪기도 합니다. 전쟁이 일어나면 인프라가 파괴되어 학교, 병원, 도로 등 기본적인 생활 기반이 무너집니다. 물론 전쟁이 끝난 후에도 사회 갈등을 심화시키고 불신을 키우는 등 인간의 삶 전반에 악영향을 미칩니다.

평화를 유지하기 위해서는 일상적으로 평화의 가치를 느끼고 갈등이 일어났을 때 갈등을 해결하려는 태도가 중요합니다. 특히 국가 간의 갈등이 발생했을 때 외교적인 방법으로 갈등을 조정하고 해결책을 모색하는 과정이 반드시 필요합니다. 각국 정부는 국제기구와 협력하며 서로 신뢰를 쌓고 평화를 유지해야 합니다. 국제 협력은 국가 간의 문제 해결뿐 아니라 전 세계 사람들에게 평화의 중요성을 알리며 평화를 유지하고 확산하는 역할도 합니다.

평화는 전쟁이 없는 상태만을 의미하는 것이 아닙니다. 진정한 평화는 서로 존중하고 이해하며 화합하는 것입니다. 전쟁의 비극을 반복하지 않기 위해서는 우리 스스로 평화의 가치를 소중히 여기고 갈등을 해결하기 위해 노력해야 합니다. 나의 작은 행동이 큰 변화를 만들 수 있다는 생각을 가지고 평화를 유지하기 위해서 우리가 할 수 있는 일이 무엇인지 함께 생각해 보면 좋겠습니다.

답

1문단: 군사적 조치였으나 큰 피해를 초래한 한강 대교 폭파 결정

2문단: 안내 없이 폭파되어 인명 피해가 발생함

3문단: 군인과 경찰의 희생이 주였다는 주장과 민간인도 피해를 입었다는 주장이 대립함

4문단: 전시 상황에서도 국민의 생명과 안전을 고려해야 하는 대통령

일제 강점기 시대에 창씨개명을 한 이들은 모두 비난받아야 할까?

중일 전쟁 이후 일본의 식민지 정책은 강경해졌다. 일본은 일본인과 조선인은 하나라는 내선일체와 황국 신민화 정책을 내세우며 한국인을 일본인처럼 만들려고 했다. 조선인에게 황국신민서사^{皇國臣民誓詞}를 외우게 하고 일왕이 있는 곳을 향해 매일 절하도록 하였으며 한글을 금지시키고 일본어를 국어로 가르쳤다. 민족 말살 정책의 정점은 창씨개명이었다. 창씨개명^{創氏改名}은 '씨를 창설하고 이름을 고친다'라는 의미로, 한국인의 이름을 일본식으로 바꾸는 것을 말한다. 창씨개명을 하지 않을 경우, 학생들은 각급 학교 입학과 공사 기관의 채용이 금지되었고 공문서 발급도 거부당했다. 심지어 식량 배급에서도 제외되고 우편물 배달도 차단되었다.

창씨개명은 극심한 반발을 초래했다. 이는 단순히 이름을 변경하는 것이 아니라 조선인의 정체성과 문화에 대한 심각한 도전으로 받아들여졌기 때문이다. 대대로 내려온 성을 갈 수 없다며 극단적인 선택을 한 사람도 속출했고 창씨개명에 저항하다가 투옥된 사람도 많았다. 친일의 목적이 아니라 가족과 자신의 생명 또는 안전을 지키기 위해 어쩔 수 없이 창씨개명을 한 경우도 있었다. 특히 일본이나 만주에 있는 조선인들은 타지에서의 차별과 억압을 피하기 위해서 창씨개명에 동참했다.

창씨개명에 대한 부정적인 여론이 형성되자 일본은 이를 불식시키기 위해 창씨개명 실적을 중요하게 생각하게 하였다. 총독부는 강연회, 팸플릿 등을 만들어 관공서까지 창씨개명을 대대적으로 홍보하고 이를 권장했다. 이후 창씨개명 신고율은 신문을 통해 보도되었는데, 이 신고율이 황국 신민화 정도를 나타내는 지표로 여겨지며 각 지역에서 창씨개명을 독려하는 움직임이 일어났다. 최초의 근대 장편소설《무정》을 쓴 이광수는 창씨개명 신고 기일 전에 이미 창씨개명을 했으며, 조선인이 쓰고 있는 성명은 중국식이며 그전에는 지금 일본인이 사용하는 것과 거의 같은 형태였다며 창씨개명을 지지하기도 했다. 이런 다양한 노력으로 창씨개명 신고가 마감된 후 약 80%에 달하는 높은 신고율을 기록했다.

창씨개명으로 많은 사람이 자신의 이름을 일본식으로 바꾸었지만 그렇다고 창씨개명을 한 모든 사람을 비난할 수는 없다. 어쩔 수 없이 창씨개명을 한 사람들은 이름과 정체성을 잃고 삶의 여러 측면에서 고통을 겪었을 것이다. 특히 외국에서 창씨개명을 한 경우에는 원래 이름을 알 수 없어 사망 후 시체를 찾을 데 어려움을 겪는 경우도 많았다. 창씨개명은 당시 역사의 흐름에서 어쩔 수 없이 이루어진 경우가 많았으며 당시 사람들이 그러한 선택을 한 이유도 생각해 볼 필요가 있다. 이들의 고민과 상황을 되새겨 역사적 아픔을 기억하고 같은 일이 반복되지 않도록 노력해야 할 것이다.

똑똑하게 분석해 봅시다

- 문단별로 핵심어를 찾아 동그라미 표시해 보세요.

- 각 문단의 중심 내용을 정리해 보세요.

  1문단 :

  2문단 :

  3문단 :

  4문단 :

자유롭게 생각해 봅시다

- 내 이름을 갑자기 일본이나 미국, 중국 등의 다른 나라의 이름으로 바꿔야 한다면 어떤 마음이 들 것 같나요?

- 내가 일제 강점기에 살았다면 창씨개명을 하라고 했을 때 어떻게 했을까요?

분명하게 표현해 봅시다

- 일제 강점기의 창씨개명에 대한 나의 생각을 정리해서 적어 봅시다.

언어는 내용을 나타내는 의미와 말소리 혹은 문자라는 형식이 결합하여 기호로 나타낸 것으로, 생각과 느낌을 표현하는 중요한 도구입니다. 이것을 언어의 기호성이라고 합니다. 무언가에 대해 내가 느끼는 감정이 내용이고, 그것을 전달하는 수단이 형식입니다. '연필'을 한국어로 '연필'이라고 하지만 영어로는 '펜슬'이라고 하는 것처럼 의미는 반드시 하나의 언어로 불리지 않습니다. 이렇게 언어의 내용과 형식 사이에 필연적 관계가 없는 것을 언어의 자의성이라고 합니다.

그러나 사회에서 서로 합의한 이후에는 개인이 마음대로 바꿀 수 없다는 것이 언어의 사회성입니다. 어떤 의미가 어떠한 언어로 불리려면 사회적으로 인정되어야 합니다. 만일 사회적으로 수용되지 않은 말을 개인이 마음대로 사용하면 서로 의미가 통하지 않겠지요. 그렇다고 의미와 언어의 관계가 늘 고정된 것은 아닙니다. 시간의 흐름에 따라서 새로운 언어가 생기기도 하고 없어지기도 하며 때로는 의미가 변화하기도 합니다. 이것을 언어의 역사성이라고 합니다. 오랜 시간에 걸쳐 언어를 관찰하면 서서히 변화했다는 것을 알 수 있습니다.

이외에도 언어는 저마다 특정한 규칙을 갖고 있다는 언어의 규칙성, 한정된 말소리로 무수히 많은 말을 만들 수 있다는 창조성, '어제, 오늘, 내일'처럼 이어져 있는 세계를 끊어서 표현한다는 분절성을 갖고 있습니다. 일본이 창씨개명을 통해 무엇을 얻으려 했고 우리 민족은 무엇을 잃을 뻔했는지를 생각해 보고, 언어의 특징을 생각하면서 언어를 사용하면 더욱 의미 있는 언어생활을 할 수 있을 겁니다.

답

1문단: 일본의 조선에 대한 식민지 정책 강화   2문단: 조선인의 창씨개명에 대한 반발

3문단: 부정적 여론을 불식시키기 위한 홍보   4문단: 창씨개명을 선택한 이들에 대한 역사적 이해

흥선대원군의 쇄국 정책은 조선 후기 외세의 침략과 국내외의 복잡한 정치 상황 속에서 발생한 중요한 정책이다. 19세기 중반, 조선은 외세와 일본으로부터 개항 압력을 받았다. 서양 선교사들의 활동과 개항 요구는 조선의 전통적 질서와 유교 이념에 위협이 되었다. 특히 아편 전쟁 이후 중국이 서양에 굴복하는 모습을 본 흥선대원군은 조선 또한 강대국들의 침략 대상이 될 가능성이 있음을 느끼고 이를 경계했다. 이러한 상황 속에서 흥선대원군은 왕권을 강화하고 외세의 침략을 막기 위해 쇄국 정책을 채택하였고, 이후 병인양요와 신미양요를 겪으며 서양 세력을 배척했다.

흥선대원군의 쇄국 정책은 조선의 자주성을 강화하고 외부의 간섭을 최소화하기 위한 중요한 조치였다. 그는 조선의 전통적인 사회 구조와 유교 이념을 지키기 위해 외세의 영향을 차단하려 한 것이다. 이러한 노력으로 조선 내부의 자급자족 경제를 유지하고 전통 사업을 보호하는 데 기여했다. 또 외세의 침략에 대비해 군사력을 강화시켜 외부 세력에 맞서 싸울 수 있는 기반을 마련하기도 했다. 조선 사회 내부의 결속을 다지는 데 중요한 역할을 했는데, 외부의 간섭을 차단해 내부적으로 안정된 사회를 유지할 수 있었고 조선이 향후 외세의 압박에 보다 강력하게 대응할 수 있는 기초가 되었다. 이처럼 쇄국 정책은 조선이 자주적 국가로서 정체성을 확립하고 민족적 자부심을 고취하는 역할을 했다.

하지만 동시에 여러 문제를 일으키기도 했다. 쇄국 정책으로 외국과의 교류를 제한하여 서구의 과학 기술과 문물을 받아들이지 못했기에 세계적인 흐름에 뒤처지게 되었다. 세계적으로 산업 혁명과 기술 혁신이 이루어지던 시대의 흐름에서 조선은 고립되어 경제 발전과 사회 변화에 큰 장애를 겪게 된 것이다. 외국의 과학 기술을 접하지 못한 조선은 군사력과 산업력에서 상대적으로 약했고, 외세의 침략에 더욱 취약해졌다. 또 흥선대원군의 쇄국 정책을 지지하는 세력과 개혁을 주장하는 세력 간의 갈등이 심화되었다. 이러한 정치적 갈등은 조선 내부를 혼란스럽게 했으며, 결국 흥선대원군의 정치적 입지를 약화시키는 결과를 낳았다.

흥선대원군은 조선을 지키기 위해 최선을 다했지만 결과적으로 조선을 고립시키고 외세의 침략을 부추겼다. 결국 조선은 1876년 일본과 강화도 조약을 체결하며 문호를 개방하게 되었다. 이는 조선의 쇄국 정책이 무너진 상징적인 사건이다. 강화도 조약은 조선이 외국과 체결한 최초의 근대적 조약이었으나 동시에 조선에게 불리한 불평등 조약으로 평가받는다. 흥선대원군의 쇄국 정책으로 조선의 근대화가 지연되었다고 한다. 과연 흥선대원군의 쇄국 정책 때문에 조선의 근대화가 지연된 것인지, 이러한 정책을 펼치지 않고 문호를 개방했다면 조선이 올바른 개혁과 개화의 길로 나갈 수 있었는지에 대한 논의는 여전히 활발하다.

똑똑하게 분석해 봅시다

- 문단별로 핵심어를 찾아 동그라미 표시해 보세요.

- 각 문단의 중심 내용을 정리해 보세요.

  1문단 :

  2문단 :

  3문단 :

  4문단 :

자유롭게 생각해 봅시다

- 쇄국 정책에 대해 찬성 또는 반대한다면 그 이유는 무엇인가요?

- 문화를 보존하는 것과 다른 문화를 받아들여 문화를 변화시키는 것 중 어떤 것이 더 좋다고 생각하나요?

분명하게 표현해 봅시다

- 우리는 전 세계가 하나로 연결되어 있는 글로벌 시대를 살고 있습니다. 글로벌 시대의 관점에서 쇄국 정책에 대한 나의 생각을 정리해서 적어 봅시다.

다른 사람들과의 소통은 삶을 풍요롭게 만듭니다. 다른 사람의 이야기를 잘 듣는 것은 서로를 이해하는 첫걸음입니다. 자신의 생각만 고집하면 소통의 문제가 발생할 수 있습니다. 신념을 지키는 것도 중요하지만 신념을 지킨다고 하며 자신의 생각만 반복해서 주장하고 상대방의 생각을 무시하면 관계가 나빠질 수 있습니다.

대화에서 자신의 의견만 고집하고 상대의 생각을 무시하면 소통이 어렵습니다. 소통은 다른 사람의 이야기를 듣고 그들의 의견을 존중하는 과정에서 이루어지기 때문입니다. 만약 나와 의견이 다른 사람이 있다면 그것은 틀린 것이 아니라 다른 것입니다. 나와 비슷하거나 반대되는 다양한 다른 의견을 주고받으며 서로 소통하다 보면 문제가 발생해도 유연하게 해결할 수 있습니다.

학교에서도 소통은 매우 중요합니다. 친구들과 어울리거나 모둠 과제를 할 때, 서로 소통하면서 이뤄지는 적극적인 활동을 통해 창의적인 결과물을 만들 수 있습니다. 다른 사람의 의견은 듣지 않고 자신의 의견만 고집한다면 그 모둠은 좋은 결과를 만들기 어렵습니다. 각자의 경험이나 지식이 한정적이기 때문에, 다른 사람의 경험과 지식을 받아들이며 나의 생각을 확장하는 과정이 반드시 필요합니다. 다른 사람의 이야기를 잘 듣고 존중하는 것은 소통을 잘하기 위한 예의이며 더 나은 사람으로 성장하는 길입니다.

나만의 신념을 고집한 일은 없는지 되돌아 보고 어떻게 하면 다른 사람과 원활하게 잘 소통할 수 있을지 생각해 보면 좋겠습니다.

 답

1문단: 쇄국 정책을 실시하게 된 배경　　2문단: 쇄국 정책의 긍정적인 역할

3문단: 쇄국 정책의 문제점　　4문단: 쇄국 정책으로 인한 결과

신라가 주도한 삼국 통일은 한국 역사에서 매우 중요한 사건이다. 신라가 한강 유역을 차지한 후 백제와 신라의 관계는 악화되었다. 고구려가 중국과 전쟁하는 동안 백제 의자왕은 신라를 공격해 대야성을 비롯한 여러 성을 빼앗고, 고구려와 동맹을 맺어 신라와 당나라를 연결하는 교통로를 차단하려 했다. 이에 신라는 김춘추를 당나라에 보내 친당 정책을 추진하였고, 백제의 세력이 약해지자 김유신이 이끄는 신라군을 보내어 백제를 공격했다. 신라군은 계백의 결사적인 저항을 물리치고 660년에 사비성을 함락시켰다. 백제를 멸망시킨 후, 신라와 당나라는 고구려를 공격하기 위해 서둘렀다. 고구려는 당나라군의 평양성 공격을 방어했지만 지속적인 전쟁과 내부의 불안으로 국력이 소모되었다. 연개소문의 사망 이후 내분이 발생한 고구려는 제대로 전투도 하지 못하고 668년에 멸망하고 말았다.

신라가 주도한 삼국 통일은 여러 측면에서 효과적이었다. 우선 신라는 우수한 군사력을 바탕으로 백제와 고구려를 정복하며 통일을 이룩했다. 특히 김유신 장군의 전투는 중요한 전환점이 되었다. 통일 후 신라는 강력한 중앙 집권 체제를 확립하여 국가 운영의 효율성을 높였다. 이는 이후 한국 역사에서 중요한 정치적 모델이 되었다. 신라는 삼국을 통일하면서 다양한 문화와 전통을 통합하는 계기를 마련했고 불교 문화의 발전을 촉진하기도 했다. 이러한 요소들은 신라의 삼국 통일이 이룬 중요한 성과로 평가된다.

그러나 통일 과정에서 발생한 전투와 갈등은 많은 인명 피해를 초래했으며 통일 후에도 전쟁의 피해와 고통은 여전히 남아 있다. 고구려나 백제가 통일을 주도했거나 삼국이 연합하여 새로운 형태의 통일을 이루었다면 역사적 결과는 크게 달라졌을 것이다. 만일 고구려가 통일을 주도했다면 군사적 강점과 더불어 북방 문화와 전통이 전역에 영향을 미쳤을 것이다. 예술과 외교에 능했던 백제가 통일을 주도했다면 문화적 융합과 국제적 교류가 활발하게 이루어지고 특히 불교 문화가 두드러지게 발전했을 것이다. 또 삼국이 연합해서 새로운 형태의 통일을 이루었다면 각국의 고유한 문화와 전통이 존중받는 통합 사회로 발전했을 가능성이 높다.

이와 같은 다양한 시나리오는 한국 역사에서 통일이라는 사건이 단순히 한 국가의 승리로 끝나는 것이 아니라 다양한 경로와 가능성에 따라 전개가 달라질 수 있음을 보여준다. 이러한 다양성을 탐구함으로써 신라의 삼국 통일이 가지는 의미를 더욱 깊이 이해할 수 있다.

똑똑하게 분석해 봅시다

- 문단별로 핵심어를 찾아 동그라미 표시해 보세요.

- 각 문단의 중심 내용을 정리해 보세요.

  1문단 :

  2문단 :

  3문단 :

  4문단 :

자유롭게 생각해 봅시다

- 삼국 통일에서 얻을 수 있는 교훈은 무엇인가요?

- 통일 이후 신라에서는 어떤 문화적 변화가 있었을까요?

분명하게 표현해 봅시다

- 신라가 삼국을 통일한 것에 어떤 의의가 있는지 그리고 신라가 아닌 다른 나라가 통일했다면 어느 나라가 했을 때 어떤 의의가 있었을지 나의 생각을 정리해서 적어 봅시다.

역사학자 에드워드 핼릿 카는 "과거와 현재 사이의 끊임없는 대화"라고 역사를 정의했습니다. 즉 역사는 과거의 사실을 단순히 기록하는 것을 넘어, 현재의 시점에서 과거를 해석하고 이해하며, 이를 통해 현재와 미래를 성찰하는 과정이라는 것입니다. 역사는 인류의 다양한 경험과 가치, 문화적 맥락을 반영해서 해석하는 과정입니다. 과거를 재구성하고 역사적 사건 속에 숨은 복잡한 사실과 문제점을 해석하고 이해해야 합니다. 다양한 관점과 해석에 따라 역동적인 이야기로 변화하기도 합니다. 이를 통해 우리는 과거를 배우고 현재와 미래를 이해하는 중요한 통찰을 얻을 수 있습니다.

　　이미 결론이 지어진 역사일지라도 다양한 관점에서 생각해 보는 것은 매우 중요합니다. 이를 통해 우리는 과거의 사건을 단순한 사실로만 바라보는 것이 아니라 그 이면에 숨은 복잡한 맥락과 다양한 가능성을 이해할 수 있기 때문입니다. 역사적 사건은 여러 이해관계와 상황에 따라 다르게 해석될 수 있으며 현재와 미래를 바라보는 시각에도 큰 영향을 미칩니다. 신라의 삼국 통일을 단순히 군사적 승리로 한정 짓는다면 그 과정에서 발생한 정치적·사회적 갈등을 간과하게 될 수 있습니다.

　　역사를 다양한 각도에서 바라보는 것은 현재의 문제를 해결하는 데도 도움을 줍니다. 역사는 단순히 과거의 사실이 아니라 현재와 미래를 형성하는 중요한 요소입니다. 다양한 시각에서의 탐구는 복잡한 사회적 문제를 이해하고 해결하는 데 있어 중요한 기초가 됩니다. 어떻게 하면 진정으로 역사를 공부할 수 있는지 생각해 보고 이를 바탕으로 현재의 삶과 미래에 대해 생각하는 기회가 되면 좋겠습니다.

1문단: 신라가 주도한 삼국 통일의 중요성과 삼국 통일 과정
2문단: 신라가 주도한 삼국 통일의 효과적인 측면
3문단: 삼국 통일 과정에서 발생한 피해와 대안적 통일 가능성
4문단: 역사의 다양한 가능성을 상상함으로써 얻는 교훈

명성황후는
정말로 조선의 훌륭한 국모였을까?

조선의 국모였던 명성황후는 극단적인 평가를 받는 인물이다. 황현은《매천야록》에서 명성황후를 "씀씀이에 절도가 없어 흥선대원군이 10년 동안 쌓아 둔 돈이 모두 동이 났고 이로부터 매관매직의 폐단이 시작되었다"라고 했고, 반대로《조선과 그 이웃 나라들》을 쓴 영국의 지리학자 이사벨라 버드 비숍Isabella Bird Bishop은 "대화 내용에 흥미를 가지게 되면 눈부신 지성미로 얼굴이 빛나는 지식인이자 우아한 자태를 가진 귀부인"이라고 묘사했다. 흥선대원군과의 권력 다툼에서 관직을 독점하며 부정부패를 일삼았던 국정 농단의 주역으로 평가받기도 하고, 강대국 사이에서 조선의 이익을 고려하며 현명한 외교 정책을 펼친 진보적인 여성 정치가로 여겨지기도 하는 등 명성황후에 대한 평가는 지금도 다양하다.

명성황후는 흥선대원군 부인의 천거로 입궁하여 왕실의 정치적 기반을 강화하는 데 기여했다. 당시 조선은 외세의 압박을 받고 있었고, 명성황후는 이러한 상황 속에서 국정을 보좌하며 외교적 노력을 기울였다. 이러한 모습을 봤을 때 명성황후는 국정에 상당 부분 관여했던 것으로 보인다. 특히 러시아와의 관계를 강화하려 했는데, 이것은 조선이 일본과의 갈등 속에서 강력한 외교적 지위를 확보하는 데 도움을 주었다. 또한 서양 문물을 적극적으로 받아들이며 조선을 근대화하기 위해 노력하기도 했다. 특히 여성들의 지위를 향상하고 교육의 중요성을 강조하며 조선의 미래를 위한 초석을 다지려 애썼다.

그러나 명성황후는 외세의 간섭과 내부의 정치적 음모 속에서 많은 고난을 겪기도 했다. 고종과 명성황후는 흥선대원군의 그늘에서 벗어나 적극적으로 정치를 하고 개화 정책을 추구하려 했으나 보수 유생, 구식 군대, 급진 개화파 등 국내의 여러 문제로 국정 운영이 순탄치 않았다. 명성황후와 흥선대원군은 임오군란, 갑오개혁 등을 통해 여러 차례 충돌했다. 더욱이 외부적으로는 청국이 내정 간섭을 강화하면서 조선의 정치에 큰 영향을 미쳤다. 그로 인해 명성황후와 고종은 국정을 다스리는 데 많은 어려움을 겪었으며, 1895년 을미사변으로 비극적인 최후를 맞았다. 명성황후의 죽음은 조선 민중에게 큰 충격을 주었고 조선의 독립과 주권에 대한 국민의 의식을 일깨우는 계기가 되었다.

명성황후가 고종의 정치적 동반자였다는 점을 고려한다면 명성황후와 관련된 문제들은 고종과 흥선대원군 간의 갈등이었을 것이다. 유교 국가인 조선에서 임금을 직접 비난할 수 없었던 상황에서 임금 대신 명성황후를 비판 대상으로 삼아 정치적 불만을 표출했을 가능성이 크다. 또한 명성황후에 대한 일제의 왜곡된 기록과 선전이 적지 않다는 점을 감안하면, 그녀의 역할과 행적에 대한 기존의 평가를 재검토할 필요가 있다.

- 문단별로 핵심어를 찾아 동그라미 표시해 보세요.

- 각 문단의 중심 내용을 정리해 보세요.

    1문단 :

    2문단 :

    3문단 :

    4문단 :

- 명성황후에 대해 긍정 또는 부정적으로 생각한다면 그 이유는 무엇인가요?

- 명성황후에 대해 극찬을 하는 경우도 있고 혹평을 하는 경우도 있는데, 이렇게 평가가 극단적인 이유는 무엇일까요?

- 명성황후와 관련된 영화나 드라마, 뮤지컬 등을 본 적이 있나요? 이와 관련된 영상 자료를 찾아보고 명성황후가 훌륭한 국모였는가에 대한 나의 생각을 정리해서 적어 봅시다.

을미사변은 1895년 발생한 사건으로 조선 국모인 명성황후가 일본에 의해 살해된 사건입니다. 당시 조선은 여러 강대국의 압박을 받고 있어 정치적 상황이 불안정했습니다. 명성황후는 일본의 간섭에 맞서 조선을 지키기 위해 러시아와의 협력을 통해 외교적 노력을 기울였습니다. 이에 일본은 명성황후가 조선 지배에 가장 걸림돌이라고 판단하고 제거하기로 판단했습니다.

을미사변이 일어난 날, 일본 공사 미우라와 전임 공사 이노우에는 '여우 사냥'이라는 암호명을 사용하며 명성황후를 공격했습니다. 명성황후는 곤녕합 옆 옥호루로 피신했지만 잔인하게 피살되었고 시신은 불에 태워져 인근의 녹산과 향원정 연못에 유기되었습니다.

을미사변 직후, 일본은 정치적으로 대립했던 흥선대원군을 경복궁으로 데려와 흥선대원군 세력에 의해 왕비가 살해된 것으로 꾸미려 했습니다. 하지만 이 장면을 목격한 외국인들이 증언함으로써 진실이 드러나게 되었습니다. 그럼에도 일본은 관련자에 대해 형식적인 재판만을 진행했고 사건 관련자는 모두 증거 불충분으로 풀려났습니다. 이후 일본은 명성황후를 살해한 뒤 오히려 단발령을 반포하는 등 조선에 대한 침략 정책을 강화했고, 이에 조선에서는 의병 운동이 본격화되었습니다.

을미사변은 단순한 역사적 사건이 아니라 우리나라가 외세의 압박 속에서 겪었던 아픔과 저항의 상징입니다. 현재에도 우리나라를 둘러싼 국제 정세는 복잡합니다. 과거의 아픔을 잊지 말고 올바른 역사 인식을 갖도록 노력하면 좋겠습니다.

 답

1문단: **명성황후에 대한 극단적인 평가**　　　2문단: **명성황후의 정치적 기반 강화를 위한 노력**
3문단: **명성황후의 정치적 고난**　　　4문단: **명성황후에 대한 왜곡된 평가의 가능성**

3장

인문

'남자답다', '여자답다'라는 말을 들으면 어떤 것이 생각나는가?
'남자답다'라고 하면 힘이 세고 용감해야 한다는 기대를 갖고, '여자답다'라고 하면 부드럽고 다정하게 말해야 한다고 생각하는 사람이 있다. 이처럼 성 역할 고정 관념은 특정 문화권에서 성별에 따라 각기 다르게 기대하는 행동 양식, 태도, 인성 특성 등을 포함하는 일종의 규칙이다. 이러한 성 역할 고정 관념은 같은 문화권의 사람들에게 대체로 비슷하게 나타난다. 성 역할 고정 관념이 고착화되면 남성이 감정을 표현하는 것을 약하다고 여기거나 여성이 직장에서 강한 리더십을 발휘하는 것을 이상하게 여기는 것처럼 남성과 여성 모두에게 차별적으로 적용될 수 있다.

성 역할에 대해 초기에는 남녀의 차이를 생물학적으로 설명하려는 경향이 있었다. 생리적·신체적 차이를 성 역할을 결정짓는 중요한 요소로 여긴 것이다. 그러나 1970년대에 들어서면서 성 역할에 대한 인식이 변화하기 시작했다. 생물학적 요인보다 사회적·문화적 요인으로 인해 남성성이나 여성성에 대한 심리가 형성된다는 것이다. 성 역할에 대한 고정 관념이 오히려 개인의 성격이나 능력에 대해 편견을 갖게 할 수 있다. 실제로 연구에 의해서 사람들의 능력은 성별 간보다 개인 간의 차이가 더 크다는 사실이 밝혀졌다. 같은 성별이라 하더라도 개인의 성격이나 능력은 매우 다양하다는 것이다.

한번 형성된 믿음은 바꾸기 어려운 것처럼 성 역할에 대한 고정 관

념도 마찬가지다. 다행히 성 역할에 대한 고정 관념은 점진적으로 변화하고 있다. 최근에는 전통적으로 여성의 직업으로 여겼던 간호사나 교사 같은 분야에 남성이 진출하거나 남성의 직업으로 여겼던 엔지니어링이나 건설 분야에 여성이 진출하는 사례가 증가하고 있다. 이러한 사례는 성별과 무관하게 개인이 자신의 분야에서 뛰어난 역량을 발휘할 수 있음을 입증하며, 더 나아가 성 역할 고정 관념을 변화시킨다. 미디어와 교육의 역할도 크다. 미디어에서 남녀가 다양한 직업을 수행하는 모습을 반복하여 보여 줌으로써 성별과 관계없이 다양한 직업을 선택할 수 있다는 메시지를 형성할 수 있다. 과거에 여학생은 가정 과목을, 남학생은 기술 과목을 배웠으나 현재 성별과 관계없이 기술·가정 과목을 배우는 것처럼 학교나 사회에서 이러한 환경이 조성되면 성 역할 고정 관념에서 벗어나 자신의 꿈을 추구할 수 있다.

이처럼 성 역할에 대한 생각은 사회 변화에 따라 점진적으로 변화할 것이다. 남성과 여성 모두가 자신의 개성과 능력을 마음껏 발휘할 수 있는 사회를 만들기 위해서는 이러한 성 역할 고정 관념을 인식하고, 서로의 다양성을 존중하는 태도가 필수적이다. 이를 통해 보다 포용적이고 공정한 사회를 구축하며 나아가 모든 구성원이 동등하게 기회 누릴 기반을 마련할 수 있을 것이다.

똑똑하게 분석해 봅시다

- 문단별로 핵심어를 찾아 동그라미 표시해 보세요.

- 각 문단의 중심 내용을 정리해 보세요.

    1문단 :

    2문단 :

    3문단 :

    4문단 :

자유롭게 생각해 봅시다

- 성 역할이 있다는 것에 대해 찬성 또는 반대한다면 그 이유는 무엇인가요?

- 성별 외에 사람들의 역할을 나눈다면 어떤 기준으로 나눌 수 있을까요?

분명하게 표현해 봅시다

- 내가 남성이라서, 여성이라서 갖게 된 성 역할 고정 관념이 있는지 생각해 보고, 성 역할 고정 관념의 변화에 대한 나의 생각을 정리해서 적어 봅시다.

사회적 고정 관념은 특정 집단이나 개인에 대해 일반적으로 믿거나 인식하는 고정된 생각입니다. 특정 집단의 사람들을 만났을 때 그들의 행동이나 특성을 보고 일반화하여 판단하면 고정 관념이 형성될 수 있습니다. 고정 관념은 사실과 다르거나 과장된 경우가 많으며, 편견과 차별의 시선을 가지게 하여 건강한 사회적 관계를 해치는 원인이 됩니다.

각 사회와 문화는 미디어, 교육, 가족, 친구 등 사회적 맥락에서 전달되는 메시지를 통해 사고를 형성하게 됩니다. 그러나 이런 메시지가 모두 옳은 것은 아니며 잘못된 고정 관념을 형성하거나 심화시키기도 합니다. 사람들은 자신의 믿음이나 생각을 지지하는 정보만 선택적으로 수용하고, 그렇지 않은 정보는 의도적으로 외면하는 경향을 '확증 편향'이라고 합니다. 이러한 확증 편향으로 고정 관념은 강화될 수 있으며, 고정 관념에 반대되는 정보는 무시하거나 왜곡해서 받아들이기도 합니다.

고정 관념은 개인의 사고와 행동에 큰 영향을 미치며, 사회적 갈등과 차별을 초래할 가능성이 큽니다. 무의식 중에 고정 관념을 가지고 있지는 않은지 스스로에게 비판적인 태도를 유지할 필요가 있습니다. 이를 위해 다양한 배경을 가진 사람들과 소통하며 다양한 시각을 갖고, 정보를 비판적으로 분석하기 위해 노력해야 합니다. 또 다양한 경험을 쌓으며 대화에 참여하여 다양한 의견을 듣는 것도 도움이 됩니다. 낯선 환경에 스스로를 노출시키며 시야를 확장하는 등 다양한 경험을 쌓으면 사회를 더욱 폭넓게 이해하고 수용할 수 있는 태도를 기를 수 있습니다.

 답

1문단: 성 역할 고정 관념의 정의　　　　2문단: 성 역할 고정 관념에 대한 인식 변화
3문단: 시대에 따라 변화하고 있는 성 역할 고정 관념　　　4문단: 다양성을 존중하는 포용적 사회 구축 필요

인스타그램, 틱톡, 페이스북, 밴드, X구 트위터, 카카오스토리 등 수많은 소셜 네트워크 서비스SNS는 인간관계에서 중요한 역할을 하고 있다. 코로나19로 인해 비대면 소통의 필요성이 커졌을 때 SNS의 사용이 급증했다. SNS는 지리적, 물리적 제약을 뛰어넘어 다양한 사람들과의 연결이 가능하기 때문이다. 사람들은 SNS를 통해 친구, 가족, 동료뿐만 아니라 연예인이나 정치인과도 쉽게 공유하고 소통할 수 있게 되었다. 더 나아가 개인의 일상과 생각을 실시간으로 기록하고 전 세계인과 나눌 수 있는 장이 되면서 사회적 이슈 확산과 여론 형성에도 큰 영향을 미치는 플랫폼으로 자리 잡았다.

SNS는 알고리즘을 통해 공통의 관심사를 가진 사람들을 연결한다. SNS를 통해 취미, 직업, 지리적 위치 등의 공통 관심사를 가진 새로운 친구를 사귈 수 있다. 특히 특정 관심사를 기반으로 한 온라인 커뮤니티의 경우 소속감을 느끼게 해, 인간관계를 확장할 수 있게 돕기도 한다. 또 직접 만나 안부를 나누지 않아도 SNS에 자신을 노출해 상황을 표현하기도 하고 타인의 소식을 접할 수 있어 관계 유지를 위한 수고로움과 의무감으로부터 생기는 심적 부담을 줄일 수 있다. 이러한 현상은 청소년과 20대, 30대 성인 사이에서 특히 두드러진다.

그러나 SNS에 긍정적인 영향만 있는 것은 아니다. 대면 소통에서는 눈빛, 몸짓, 표정 등 비언어적 메시지나 준언어적 메시지를 통해 소통 맥락을 공유할 수 있지만 SNS에서는 이러한 정보가 드러나

지 않아 언어적 메시지만 남는다. 언어적 메시지로는 소통 맥락을 모두 공유할 수는 없기 때문에 말하는 사람의 원래 의도가 왜곡될 가능성이 크다. 이는 대화의 솔직함에도 영향을 미친다. 결국 SNS를 통한 소통이 증가하면 인간관계의 질이 저하되고 깊이 있는 대화나 감정적 유대가 결여될 위험이 크다. 부정적인 영향은 또 있다. SNS는 대체로 자신의 가장 밝고 화려한 부분을 올린다. 그러나 그것을 보는 사람들은 타인의 화려하고 밝은 부분과 자신의 일상의 가장 어두운 부분을 무의식적으로 비교하게 되어 스스로에게 불안감과 스트레스를 유발할 수 있다. 연구에 따르면 SNS 사용이 잦은 사람일수록 대면 소통의 빈도가 낮아지고 외로움을 더 느낀다고 한다. 이러한 감정들은 인간관계에 부정적인 영향을 끼칠 수밖에 없다.

SNS는 현대 사회의 인간관계에서 매우 중요한 역할을 하고 있다. 앞으로 일반인들은 물론, 사회 각계에서 소통을 위해 SNS는 더욱 활발하게 이용될 것이다. 이를 효과적으로 활용하기 위해서는 SNS의 장단점을 인식하고 균형 잡힌 소통 방식을 유지하며 SNS를 현명하게 활용할 필요가 있다. 그렇다면 깊이 있는 인간관계를 형성하고 보다 의미 있는 소통을 이룰 수 있을 것이다.

똑똑하게 분석해 봅시다

- 문단별로 핵심어를 찾아 동그라미 표시해 보세요.

- 각 문단의 중심 내용을 정리해 보세요.

  1문단 :

  2문단 :

  3문단 :

  4문단 :

자유롭게 생각해 봅시다

- SNS를 많이 사용하는 편인가요? SNS가 인간관계에 미치는 영향에 대해 어떻게 생각하나요? SNS의 영향에 대해 찬성 또는 반대한다면 그 이유는 무엇인가요?

- SNS를 현명하게 사용할 수 있는 또 다른 좋은 방법은 없을까요?

분명하게 표현해 봅시다

- 내가 주로 사용하는 SNS는 무엇인지 생각해 보고 친구들과 어떻게 소통하는지 떠올려 보세요. SNS는 나의 인간관계에 어떤 영향을 주는지 친구들의 인간관계에 는 어떤 영향을 주는지에 대한 나의 생각을 정리해서 적어 봅시다.

　　SNS를 할 때 가장 중요한 것은 자신의 감정 상태를 인식하는 것입니다. 현재 어떤 기분으로 SNS를 하는지 자각하는 과정은 현재 감정을 이해하고 관리하는 데에 도움이 됩니다. 자신을 객관적으로 바라보는 것을 '자기 객관화'라고 합니다. 자기 객관화를 통해 올바른 자기 확신을 갖게 되고 자신감을 높일 수 있습니다. 특히 청소년기에는 자신의 감정을 제대로 이해하고 인정하는 것이 중요합니다. 자신의 감정을 제대로 이해하는 사람이 결국 다른 사람의 감정도 포용할 수 있습니다.

　　자기 객관화를 위해서는 감정의 원인을 찾아야 합니다. SNS 속 타인의 삶을 보고 질투를 느낀다면 그 감정 뒤에 숨은 생각과 욕구가 무엇인지 깊이 고민해야 합니다. 자신의 솔직한 감정을 이해하고 그 감정이 느껴지는 배경에 어떤 생각이 있는지 성찰하면 감정 관리에 도움이 됩니다. 자주 느끼는 감정의 패턴을 파악하면 부정적인 감정을 줄이고 긍정적인 감정을 키우는 등 감정을 효과적으로 관리할 수 있습니다.

　　SNS는 사람들의 일상, 성취, 행복한 순간들을 쉽게 보여주지만 자연스럽게 비교의 기준을 높입니다. SNS에 보여지는 것은 대개 긍정적인 순간들로, 힘든 일상이나 어려움은 숨겨진 경우가 많습니다. 현실의 일부에 불과하므로 이를 비교해서는 안 됩니다. 그보다 자신의 개성과 장점을 찾고 자신만의 기준을 가져야 합니다. 비교하거나 부정적인 감정에 휘둘리지 않고 타인의 삶을 바라보는 연습이 필요합니다. 그래야 자신감을 갖고 건강하게 인간관계를 맺을 수 있습니다. SNS를 사용하기 전 자기 객관화를 실천해서 긍정적인 SNS 활용을 통해 진정한 자신을 찾으면 좋겠습니다.

답

1문단: SNS 사용이 급증하게 된 이유　　　2문단: SNS의 특징과 장점

3문단: SNS의 한계와 문제점　　　　　　4문단: 균형 잡힌 SNS 활용

다문화 사회는 서로 다른 인종, 종교, 민족, 계급 등 다양한 문화적 배경을 가진 사람들이 함께 살아가는 사회이다. 우리나라는 국제 결혼, 외국인 노동자 및 북한 이탈 주민의 유입 등으로 빠르게 다문화 사회로 전환되고 있다. 다문화 사회에서는 여러 문화가 섞이며 사회 전반에 영향을 미치고 이를 통해 새롭고 발전된 문화를 창출할 수 있다. 세계화 시대에는 다양한 문화적 배경을 가진 소비자들의 욕구를 충족시키기 위한 제품이나 서비스가 필요한데, 이러한 점에서 다문화 사회는 훌륭한 자원이 된다. 또한 다문화 사회는 저출생과 고령화로 인한 노동력 부족 문제를 해결하는 데에도 도움을 준다. 다양한 문화가 결합하면 더욱 풍요로운 문화를 형성해 창의적인 발전이 가능하다.

그러나 그것이 결코 쉬운 일은 아니다. 문화적 차이와 의사소통의 어려움 등으로 다른 문화를 가진 사회에 적응하는 데 상당한 어려움을 겪을 수 있으며, 이 과정에서 사회적 고립감이 심화될 수 있다. 일부 국가에서 일자리 문제와 외국인 범죄 증가로 이민자와 원주민 간의 갈등이 발생한 일도 있다. 이러한 갈등은 사회 통합을 저해하는 요소로 작용한다. 또 가치관이 형성되는 청소년 시기에 지나치게 다양한 문화를 접하면 문화적 차이를 이해하지 못해 문화 정체성 확립에 어려움을 겪을 수 있으며 이는 심리적 안정성 형성에도 부정적인 영향을 미칠 수 있다.

세계의 글로벌화와 이주민의 증가로 다문화 사회는 불가피해졌다. 건강한 다문화 사회를 만들기 위해서는 서로 이해하고 공감하는 태도가 필요하다. 원주민은 이주민이 새로운 문화를 익혀야 한다는 부담을 안고 있다는 것을 인식하여 그들을 공감하고 배려해 주어야 한다. 이를 위해 각각의 고유한 문화를 인정하고 조화를 이루는 것이 중요하며 이주민이 차별이나 부당한 대우를 받지 않도록 제도적으로 뒷받침해야 한다. 또 이주민이 문화를 배울 기회를 제공하고 지속적으로 다문화 교육을 실시하는 등 다문화 사회를 자연스럽게 받아들일 수 있는 사회적 분위기를 조성해 나가야 한다.

세계화와 다문화 사회는 떼려야 뗄 수 없는 관계이다. 인천 차이나타운이나 안산시 원곡동의 국경 없는 마을 등에서 보듯이 우리 사회에도 이미 다문화 사회가 깊숙이 자리 잡고 있다. 이러한 현실을 인식하고 우리 사회를 어떻게 하면 건강하게 발전시키고 통합할 것인지 고민해야 할 시점이다. 다양한 문화가 조화를 이루며 공존할 방법을 모색하는 것은 우리 사회의 지속 가능한 미래를 위한 필수적인 과제가 될 것이다. 이를 위해 지금부터라도 서로 다른 문화에 대한 이해와 존중하는 자세가 필요하다.

똑똑하게 **분석해** 봅시다

- 문단별로 핵심어를 찾아 동그라미 표시해 보세요.

- 각 문단의 중심 내용을 정리해 보세요.

  1문단 :

  2문단 :

  3문단 :

  4문단 :

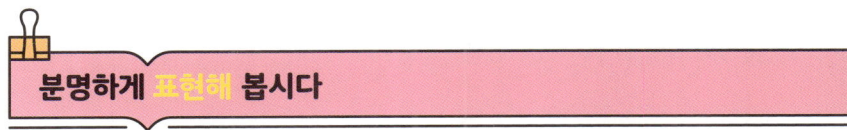

자유롭게 **생각해** 봅시다

- 다문화 사회에 대해서 찬성 또는 반대한다면 그 이유는 무엇인가요?

- 세계화 시대를 맞이하는 우리의 태도는 어때야 할까요? 세계화 시대에 나의 태도는 어떤지에 대해 생각해 볼까요?

분명하게 **표현해** 봅시다

- 인터넷의 발달, 국제 결혼 등 이미 우리 사회는 다문화 사회로 접어들었습니다. 다문화 사회에 대한 나의 생각을 정리해서 적어 봅시다.

차별 배제 모델은 이주민을 기피 직업이나 지역에서 일하게 할 목적으로 받아들여서 내국인과 접촉을 배제하거나 최소화하여 갈등을 피하는 것입니다. 제한적으로 다문화를 허용하는 정책으로 인간의 존엄성과 평등이라는 윤리적인 면에 어긋납니다.

용광로 이론(동화주의)은 다양한 식재료가 솥에서 하나의 요리로 변하는 것처럼 다양한 인종과 문화가 용광로에 녹아 그 사회의 주류 문화에 동화되는 것을 말합니다. 미국 사회에서 처음 등장했는데, 이주민이 자신의 문화를 포기하고 주류 문화로 편입하는 방식이었습니다. 이민자 집단의 고유한 문화적 뿌리와 풍습을 버려야 한다는 점에서 비현실적이라는 비판을 받았습니다.

샐러드 볼 이론(다문화주의)은 각각의 채소가 그 자체로 샐러드의 맛을 더하는 것처럼 국가라는 큰 그릇 안에서 다양한 문화의 고유한 특징들이 그대로 드러나는 것입니다. 다문화주의는 문화의 다양성은 강조할 수 있으나 사회 통합을 약화할 수 있다는 단점이 있습니다.

마지막으로 국수 대접 이론(문화 다원주의)은 국수 위에 부수적인 고명이 올라가듯 문화의 다양성을 인정하되 주류 문화와 비주류 문화를 구별하는 문화를 말합니다. 우선순위를 두고 '통합'의 가치를 추구하여 각각의 문화가 고유성을 유지하면서도 조화를 이루고 공존하는 것입니다.

미국, 독일, 프랑스, 일본, 호주 등 세계 각국에서 다문화 사회와 관련하여 여러 문제를 겪으며 각각 나라의 특성에 맞추어 다문화 정책을 펼치고 있습니다. 우리 사회는 어떤 특성이 있으며 어떤 다문화 정책을 펼쳐야 할지 생각해 보면 좋겠습니다.

 답

1문단: 다문화 사회의 정의와 다문화 사회 형성　　　2문단: 다문화 사회에서 발생할 수 있는 문제점
3문단: 다문화 사회를 유지하기 위한 노력　　　4문단: 건강한 다문화 사회를 위한 당부

고전 문학은 오랜 시간 동안 우리에게 많은 교훈과 생각할 거리를 제공해 왔으며 현대 사회에서도 여전히 중요한 의미를 전한다. 고전 문학에 담겨 있는 인간의 본성은 과거와 현재가 다르지 않다. 셰익스피어Shakespeare의 작품이나 호메로스Homeros의 서사시는 사랑, 질투, 권력에 대한 욕망 등 다양한 감정을 다룬다. 이러한 주제들은 오늘날에도 여전히 공감되는 내용이다. 인간은 시대가 변해도 변하지 않는 기본적인 감정과 본성을 가지고 있다. 고전 문학 속의 인물들이 겪는 갈등은 우리의 삶과 유사한 면이 많다. 인물들이 그 갈등 상황을 어떻게 해결하는지 살펴보면 현실에서 사람들 간의 갈등이나 감정적인 문제를 어떻게 해결할 것인가에 대한 귀중한 통찰을 얻을 수 있다.

고전 문학에는 인간이 살면서 반드시 익혀야 할 도덕적 가치가 담겨 있는 경우도 많다. 도스토옙스키Dostoevsky의 《죄와 벌》은 주인공이 범죄를 저지른 후 겪는 내적 갈등을 통해 독자에게 도덕적 선택의 중요성을 일깨워 준다. 경쟁이 치열한 현대 사회에서 사람들은 때때로 성급하게 행동하거나 불공정한 방법을 선택하기도 한다. 고전 문학은 도덕적 가치와 윤리를 배우고 자신의 행동을 되돌아보게 하여 올바른 선택을 하도록 돕는다. 고전 문학을 통해 어떻게 살아야 할지 반성의 시간을 갖고 더 나은 인간으로 성장할 수 있는 것이다.

고전 문학은 상상력과 창의력을 키우는 데 매우 유용한 자원으로서 가치도 지니고 있다. 고전 문학 속의 세상은 독자들에게 상상력을 자극해 다채로운 세계를 펼쳐 보인다. 독자들은 고전 문학 속 세계에 푹 빠져서 다양한 배경과 그 속의 도덕적 딜레마를 마주하며 이를 어떻게 해결할 것인지 상상력을 확장한다. 이러한 과정은 현실 세계에서 새로운 시각을 제시하는 데 중요한 역할을 하며 창의적인 사고방식을 기르는 데 큰 도움이 된다. 상상력은 급격하게 변화하는 현대 사회에서 매우 중요한 요소로, 다양한 문제를 해결하고 혁신적인 사고를 이끄는 원동력이 되기 때문이다.

고전 문학은 그 속에 담긴 지혜와 경험의 가치를 통해 독자들에게 삶에 대한 깊은 통찰을 제공한다. 고전 문학을 통해 다양한 경험이 사람의 삶을 어떻게 성장시키고 변화시키는지를 이해할 수 있으며, 이를 바탕으로 더 나은 삶을 살아갈 지혜를 키울 수 있다. 고전 문학은 과거의 유물이 아니라 오늘날에도 여전히 우리에게 필요한 지혜의 원천이다. 고전 문학을 통해 인생의 복잡한 문제를 해결하고 인류의 보편적 가치를 이해하여 그것을 삶에 적용한다면 더욱 풍요롭고 의미 있게 하루하루를 살아갈 수 있을 것이다.

똑똑하게 분석해 봅시다

- 문단별로 핵심어를 찾아 동그라미 표시해 보세요.

- 각 문단의 중심 내용을 정리해 보세요.

    1문단 :

    2문단 :

    3문단 :

    4문단 :

자유롭게 생각해 봅시다

- 고전 문학을 읽어 본 적 있나요? 그 고전 문학이 나에게 어떤 영향을 주었나요?

- 지금까지 읽었던 고전 문학 중에서 가장 인상 깊게 읽었던 고전 문학은 무엇인가요? 어떤 부분이 가장 인상이 깊었으며 그 이유는 무엇인가요?

분명하게 표현해 봅시다

- 고전 문학이 나에게 주었던 영향을 떠올려 보고 고전 문학을 읽는 것이 왜 중요한지에 대한 나의 생각을 정리해서 적어 봅시다.

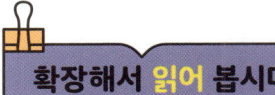

소설의 본질적인 요소는 인물이 겪는 갈등입니다. 어떤 갈등이 있는지, 이 갈등이 어떻게 해결되는지 생각하며 소설을 읽어야 합니다. 등장인물 마음에서 둘 이상의 상반된 심리가 일어나는 갈등을 내적 갈등이라고 하고, 등장인물이 다른 인물과 대립하며 갈등하거나, 자신이 속한 사회의 제도나 관습에 대립하며 갈등하거나, 자연이나 운명에 대립하는 등 외부의 요인으로 갈등을 일으키는 것을 외적 갈등이라고 합니다.

인물들이 내적 갈등이나 외적 갈등을 겪으면서 일어나는 일을 일정한 흐름에 따라 연결해서 제시하는 것을 소설의 구성이라고 합니다. 이 갈등이 발생하고 해소되는 과정에 따라 이야기가 전개되며, 일반적으로 '발단-전개-위기-절정-결말'의 5단계 구성으로 이루어집니다. 발단에서는 등장인물과 시공간적 배경이 소개되면서 사건의 실마리가 드러나고, 전개에서는 갈등과 대립이 시작됩니다. 위기에서는 갈등이 깊어지며 위기감이 조성되고, 절정에서 갈등이 최고조에 이르며 사건 해결의 실마리가 보입니다. 마지막으로 결말에서 갈등이 해소되며 사건이 마무리됩니다.

이러한 소설 속의 갈등은 우리가 삶을 살아가면서 갈등의 상황을 만났을 때 현명하게 갈등을 해결할 수 있는 지혜를 제공합니다. 문학 작품 속 등장인물의 갈등을 통해 상대의 입장을 이해하고, 그들이 선택한 해결 과정을 분석하여 유사한 방법을 적용할 수 있습니다. 우리도 살아가면서 크고 작은 갈등을 겪을 수밖에 없습니다. 갈등이 발생했을 때 그 갈등을 어떻게 바라보고 해결해야 할지 충분한 고민이 필요합니다.

답

1문단: 고전 문학에 담긴 변하지 않는 인간의 모습
2문단: 고전 문학에 담겨 있는 도덕적 가치
3문단: 상상력과 창의력을 키우는 데 유용한 고전 문학
4문단: 삶에 대한 깊은 통찰을 제공하는 고전 문학

동성혼은 남성과 남성, 그리고 여성과 여성인 동성 사이의 결혼을 의미한다. 전통적으로 결혼은 남성과 여성 사이의 결합으로 이해되어 왔다. 그러나 현대 사회에서는 사랑의 형태가 다양해지면서 동성 간의 사랑에 대해서 논의가 활발해지고 있다. 2001년 네덜란드는 세계 최초로 동성혼을 허용했고, 이후 스페인과 노르웨이 등 여러 국가에서도 동성혼을 허용했다. 2019년 대만이 아시아 최초로 동성혼을 법제화했고, 그 뒤를 이어 네팔, 태국 등의 나라에서 동성혼을 법제화하고 있다. 이러한 변화에 따라 동성혼의 법제화는 현대 사회에서 중요한 이슈 중 하나이다.

동성혼을 찬성하는 사람들은 자신이 사랑하는 사람과 결혼할 권리가 있다고 믿는다. 이때 이들이 사랑하는 대상이 이성일 수도 있지만 동성일 수도 있다는 점을 강조한다. 그럴 경우 동성 간의 사랑을 인정하고 동성혼을 허용하는 것이 기본적인 인권을 존중하는 것이라는 것이다. 동성혼이 법제화되면 동성 커플도 사회에서 존중받을 수 있으며, 이는 나아가 차별을 줄이는 중요한 발걸음이 될 것이다. 이를 통해 사회 구성원 간의 신뢰와 포용성이 높아지고 다양한 가치와 문화를 가진 사람들이 공존할 수 있는 환경이 마련될 수 있다. 현대 사회에서는 다양한 형태의 가족이 존재하고 이러한 가족들이 서로를 지원하며 사회 안정과 발전에 기여한다. 동성혼은 이러한 다양한 가족의 형태 중 하나로 개인의 권리와 사회적 다양성을 함께 실현하는 방식 중 하나이다.

반대로 동성혼을 반대하는 사람들의 입장도 강경하다. 오랜 시간 동안 많은 사람이 결혼은 남성과 여성의 결합이라는 전통적인 가치관을 갖고 살았다. 동성혼은 이러한 전통을 해치고 있으며, 동성혼이 법제화되면 전통적인 가족 구조가 변화할 것이고 사회의 근본적인 가치와 질서가 흔들릴 수 있다고 주장한다. 이들은 동성혼이 아이들의 성장 환경에 부정적인 영향을 미칠 수 있다고 걱정하기도 한다. 동성 커플이 부모가 되는 것이 아이들에게 최선의 환경이 아닐 수 있다는 점을 강조하며 전통적인 가족 모델에서 벗어난 가족의 모습에 혼란을 겪을 수도 있다는 것이다.

동성혼에 대해 옳고 그름을 판단하는 이유는 각각 다를 것이다. 이는 우리 사회의 다양한 가치관과 신념을 반영한다. 가장 중요한 것은 자신의 의견만 주장할 것이 아니라 서로의 의견을 존중하는 것이다. 동성혼에 대해 찬성하는 사람들과 반대하는 사람들은 서로의 의견을 경청하고, 그 속에서 가장 현명한 방법이 무엇인지 찾아 나가야 한다. 이를 통해 우리는 서로 다른 의견을 존중하며 공감과 이해를 바탕으로 한 대화를 이어갈 수 있으며 결과적으로 공동체의 결속력을 강화하는 계기로 삼을 수 있을 것이다.

똑똑하게 분석해 봅시다

- 문단별로 핵심어를 찾아 동그라미 표시해 보세요.

- 각 문단의 중심 내용을 정리해 보세요.

  1문단 :

  2문단 :

  3문단 :

  4문단 :

자유롭게 생각해 봅시다

- 혹시 동성혼을 실제로 본 적이 있나요? 동성혼에 찬성 또는 반대한다면 그 이유는 무엇인가요?

- 내가 만약에 동성혼을 하게 된다면 그 이유는 무엇이 될까요?

분명하게 표현해 봅시다

- 현대 가족의 모습은 매우 다양한 형태로 나타납니다. 다양한 가족의 모습에 대한 관점에서 동성혼에 대한 나의 생각을 정리해서 적어 봅시다.

　　차별은 어떤 사람이나 집단이 특정한 이유로 불공정한 대우받는 것입니다. 차별은 개인의 자존감과 사회의 조화로운 발전에 부정적인 영향을 미치므로 이를 방지하기 위해 차별금지법이 만들어졌습니다. 차별금지법은 성별, 장애, 인종, 종교, 학력, 성적 취향 등을 이유로 누구도 차별받지 않도록 보호하기 위한 법입니다.

　　차별금지법에는 크게 두 가지가 있습니다. 첫째, 개별적 차별금지법은 성별이나 장애 등의 특정 이유나 고용 등의 특정 영역에서 차별을 금지하는 법입니다. 장애인 차별을 금지하는 장애인차별금지법, 성별에 따른 차별을 금지하는 남녀고용평등법 등이 대표적입니다. 둘째, 포괄적 차별금지법은 정치, 경제 사회, 문화 등 모든 영역에서 모든 종류의 차별을 금지합니다. 특정 범주에 속한 사람뿐 아니라 성별, 장애, 인종, 종교 등의 불합리한 차별을 금지하는 것입니다.

　　우리나라에서 포괄적 차별금지법은 아직 제정되지 않았습니다. 2007년 법안이 처음 발의된 후 열 차례 넘게 발의되었으나 기독교계 등의 반발과 "사회적 합의가 필요하다"라는 정치인들의 반대로 폐기되었습니다. 그러나 차별은 누군가의 편견이나 악의, 잘못된 제도로만 발생하는 것이 아니므로 누구든 차별을 겪지 않도록 여러 노력이 필요합니다.

　　차별을 없애기 위해 우리의 태도와 행동이 중요합니다. 우리 사회가 평등한 기회를 제공하고, 차별 없는 세상을 만들기 위해 지속적으로 대화하고 협력해야 합니다. 이러한 노력이 있어야 모든 사람이 느끼기에 살 만한 사회로 만들어 나아갈 수 있습니다.

답

1문단: 동성혼의 정의와 역사　　　　2문단: 동성혼에 찬성하는 이유
3문단: 동성혼에 반대하는 이유　　　　4문단: 다양한 의견 존중의 필요성

세상을 살다 보면 때때로 도덕이 무너진 것처럼 느껴질 때가 있다. 자신의 이익을 위해서라면 그게 무엇이든 상관없이 행동하는 세상에서는 착하게 사는 사람이 오히려 피해를 보는 경우가 많다. 이런 상황에 처해 있는 사람에게 누군가가 "서로를 이해하고 배려하며 살면 안 되는가?"라고 질문하면 "내가 왜 그래야 하지?"라는 대답을 들을 가능성이 크다. 독일 철학자 칸트는 이 질문에 대해 우리는 인간이기 때문에 도덕적일 필요가 있다고 주장했다. 이러한 칸트의 주장은 '선의지'라는 개념을 통해 설명할 수 있다. 여기서 선의지는 '옳다는 이유'만으로 행동하려는 의지를 뜻하는데, 예를 들어 봉사 시간을 채우기 위한 목적으로 자원봉사를 하는 것은 진정한 도덕적인 행위가 아니며, 그 자체로 옳기 때문에 하는 것이야말로 진정한 도덕적 행위라는 것이다.

칸트는 도덕적 행위가 도덕적 의무감에서 나온다고 했다. 우리가 도덕적으로 행동하는 것은 자연스럽고 당연한 일이라는 것이다. 그의 도덕 법칙은 '정언 명령'이라는 원칙에 따라 움직인다. 정언 명령은 모든 사람에게 어떤 상황에서도 적용되는 규칙을 의미한다. 칸트는 모든 사람이 동의할 수 있는 법칙을 따라 행동하라고 했다. 살인은 어떤 이유에서도 정당화될 수 없다. 이런 것은 모든 인간이 지켜야 할 법칙이다. 도덕적으로 행동한다는 것은 이러한 법칙을 따르며 사는 것이다.

칸트는 '수단으로만 대하지 말고 언제나 목적으로 대하도록 행동할 것'을 강조했다. 이는 자신이나 다른 사람의 인간성을 단순한 도구처럼 여기지 말고 존중해야 한다는 의미이다. 좋은 인간관계는 서로의 가치를 인정하고 존중하는 데 기반을 두어야 한다. 그렇기에 칸트는 누군가를 이용해 이익을 얻는 것을 반대했다. 친구를 사귈 때도 단순히 자신의 이익을 위해 이용해서는 안 된다는 것이다. 카페에서 음료를 사는 등의 서비스 제공은 다르다. 점원은 고객에게 음료수를 주고 고객은 점원에게 돈을 준다. 이것은 서로의 가치를 인정하고 존중하는 거래로 누군가를 이용해 이익을 얻는 것이 아니므로 칸트의 원칙에 어긋나지 않는다.

칸트는 도덕적 행위의 '당위성'을 강조했다. "내가 왜 착하게 살아야 하는가?"에 대한 질문에 우리는 인간은 곧 사회적 동물이기 때문에 도덕적으로 살아야 한다고 대답한다. 인간은 혼자서는 살아갈 수 없는 존재다. 서로 의지하고 도와야 한다. 만약 모든 사람이 자신의 이익만을 생각한다면 사회는 혼란스럽고 불신으로 가득 차게 될 것이다. 반면 서로를 이해하고 배려한다면 더 행복하고 건강한 환경을 만들 수 있다. 우리는 도덕적으로 살아야 하며 이것이 자신과 타인을 모두 존중하는 길이다. 결국 이는 우리 모두가 더 나은 세상에서 살아가기 위한 필수 조건이다.

- 문단별로 핵심어를 찾아 동그라미 표시해 보세요.

- 각 문단의 중심 내용을 정리해 보세요.

  1문단 :

  2문단 :

  3문단 :

  4문단 :

- 내가 생각했을 때 나는 지금 선하게 살고 있나요? 그 이유는 무엇인가요?

- 누군가가 자신이 선하게 살고 있다고 스스로 느낄 수 있는 좋은 방법은 없을까요?

- 사람들은 악하게 살기보다 선하게 살아야 한다고 이야기합니다. 사람들이 왜 선하게 살아야 하는지에 대한 나의 생각을 정리해서 적어 봅시다.

칸트는 17, 18세기 유럽에서 활동한 철학자입니다. 1724년 동프로이센 쾨니히스베르크Ostpreussen Königsberg에서 태어나 쾨니히스베르크 대학에서 철학, 신학, 고전 문학 등 인문학과 수학을 비롯한 자연 과학 전반을 공부했습니다. 모교에서 교수가 된 칸트는 오랜 시간 동안 연구에 집중한 후, 짧은 기간에 철학의 혁명적인 방향 전환을 이루었습니다.

칸트는 도덕이란 행위의 결과나 보상과는 관계없이 옳다는 이유로 이루어져야 한다고 주장했습니다. 그의 주장에 따르면, 도덕 법칙은 옳음의 기준이 되는 규범으로 개인의 의지를 보편적인 의지와 일치시키기 위한 명령의 형태로 제시됩니다. 칸트는 이러한 도덕 법칙이 무조건적으로 지켜져야 한다고 강조했습니다.

칸트의 윤리 사상은 민주주의 사회의 기초인 보편주의와 인격주의 정신을 제시합니다. 보편주의는 모든 사람이 도덕적으로 동등하게 고려되어야 한다는 것이고, 인격주의는 모든 사람이 존중받아야 한다는 것입니다. 그러나 구체적인 행동에 대한 규칙을 제시하지 못하고 행복보다 도덕 원칙을 더 중요하게 여겨 공감하기 어려운 면이 있습니다.

그럼에도 칸트의 윤리 사상은 현대 사회의 윤리적 기반 마련에 큰 영향을 미쳤습니다. 그의 사상은 우리가 어떻게 도덕적으로 행동해야 하는지 고민하게 만들고 모든 사람을 존중하는 사회에 중요한 역할을 했습니다. 어떻게 사는 것이 올바르게 사는 것인지 생각해 보고 이를 행동으로 옮기는 용기를 가지면 좋겠습니다.

답

1문단: **도덕의 필요성과 선의지** 2문단: **도덕적 의무와 정언 명령**

3문단: **도덕적 행위의 당위성** 4문단: **도덕적 삶의 사회적 필요성**

세상에 변하지 않는 것이 있을까? 그 질문에 대해 고대 그리스 철학자 헤라클레이토스는 "같은 강물에 두 번 들어갈 수 없다"라고 대답했다. 이 말은 그의 철학적 사상을 한마디로 나타낸다. 헤라클레이토스는 소크라테스 이전의 철학자로 "우주에 변하지 않는 유일한 것은 '변한다'라는 사실뿐이다"라고 주장했다. 우리가 사는 세상에서 변하지 않는 것은 없고, 시간의 흐름에 따라 모든 것이 끊임없이 변화한다는 것이다.

"같은 강물에 두 번 들어갈 수 없다"라는 말도 마찬가지다. 강물은 겉으로 보기에는 멈춘 것처럼 보이지만 사실은 잔잔하게 흐르고 있다. 만일 우리가 강물에 들어갔다가 나와서 아무리 같은 위치에서 다시 강물에 들어갔다 하더라도 두 번째 들어간 강물은 첫 번째 들어갔을 때의 강물과 다르다. 첫 번째 들어갔을 때 몸에 닿았던 물은 이미 어디론가 흘러가 버렸기 때문이다. 계절은 매년 반복되지만 그렇게 반복되는 계절을 보면서 매년 느끼는 감정이나 경험은 다를 수 있다. 그 이유는 다양한 경험을 통해 해마다 다른 감정과 환경을 느끼기 때문이다. 사람들이 변치 않는다고 생각하는 나무도 어릴 때는 작고 가늘지만 시간이 지나면서 굵고 크게 성장하며 변화한다. 나무에 달린 잎사귀나 가지의 모양도 변화한다. 이러한 변화는 자연의 특징이며 생명체가 성장하고 발전하는 과정의 중요한 일환이다.

헤라클레이토스는 이러한 변화를 삶에서 중요한 부분으로 이해해

야 한다고 주장했다. 변화는 두려운 것이 아니라 새로운 기회를 제공하는 중요한 요소이다. 우리가 경험하는 모든 변화는 성장과 발전의 기회로 삼을 수 있고, 이를 통해 더 나은 자신으로 나아갈 수 있다는 것이다. 변화는 때때로 불안이나 고통을 동반할 수 있지만 이러한 과정에서 자신을 발견하고 발전 가능성을 얻는다. '변한다'라는 사실 자체를 받아들이면 그 과정에서 발생하는 다양한 감정과 경험을 통해 왜 계속 성장해야 하는지, 우리의 삶을 어떻게 살아야 할지를 좀 더 다른 방향으로 고민할 수 있다. 변화는 정체되지 않고 발전할 수 있는 여지를 주며 이런 변화로 더욱 풍부한 삶을 살 수 있는 것이다.

사춘기를 겪는 청소년은 신체적 변화는 물론 감정, 관계, 관심사 등 여러 면에서 변화가 일어난다. 이러한 급격한 변화는 두렵고 불안할 수 있지만 성장과 발전을 위한 소중한 기회가 되기도 한다. 새로운 상황에 닥쳤을 때 두려운 마음보다 더 나은 자신으로 나아가는 발판으로 삼고자 하는 태도가 필요하다. 변화를 받아들이는 것은 자신의 가능성을 확장하는 첫걸음이다. 우리는 새로운 경험을 통해 자신이 어떤 사람인지 무엇을 좋아하고 싫어하는지를 알게 된다.

똑똑하게 분석해 봅시다

- 문단별로 핵심어를 찾아 동그라미 표시해 보세요.

- 각 문단의 중심 내용을 정리해 보세요.

    1문단 :

    2문단 :

    3문단 :

    4문단 :

자유롭게 생각해 봅시다

- 세상의 모든 것이 변한다는 헤라클레이토스의 주장에 찬성 또는 반대한다면 그 이유는 무엇인가요?

- 세상에 변하지 않는 것은 없을까요? 만일 위에서 세상의 모든 것이 변한다고 생각했다면 세상에 변하지 않는 것은 무엇인지, 세상의 모든 것이 변하지 않는다고 생각했다면 세상에 변하는 것은 무엇인지 생각해 보고 그 이유도 설명해 보세요.

분명하게 표현해 봅시다

- 세상의 모든 것이 변한다고 주장한 헤라클레이토스의 주장에 대해 나의 경험과 생각을 바탕으로 정리해서 적어 봅시다.

129

　세상의 모든 것은 변하기만 할까요? 고대 그리스의 철학자 헤라클레이토스와 파르메니데스는 이에 대해 서로 다르게 이야기했습니다. 헤라클레이토스는 "모든 것은 변한다"라고 주장하며 변화를 통해 정체성이 유지된다고 보았습니다. 그는 물이 흐르듯이 세상도 끊임없이 변화하며 이러한 변화를 수용하는 것이 중요하다고 강조했습니다. 반면 파르메니데스는 "존재는 변하지 않는다"라고 주장하며 불변의 진리를 추구했습니다. 그는 우리가 감각으로 인식하는 세상이 허상이며 진정한 세계는 고정된 것이라고 믿었습니다.

　두 철학자의 대립은 우리가 세상을 바라보는 방식에 깊은 영향을 미칩니다. 현대 사회 속 우리는 빠른 변화 속에서 살아가며 불확실성과 불안감을 자주 느낍니다. 이러한 상황에서 헤라클레이토스의 사상은 우리가 변화를 긍정적으로 받아들이고 새로운 가능성을 열어 성장의 기회로 삼을 수 있도록 합니다. 반면 파르메니데스의 사상은 우리가 변하지 않는 가치와 진리를 찾는 데 도움을 줍니다. 불확실한 상황 속에서도 확고한 신념과 원칙을 유지하여 중심을 잡고 나아가도록 하기 때문입니다.

　우리는 두 철학자의 관점을 조화롭게 적용할 수 있어야 합니다. 변화는 불가피하므로 이를 수용하고 성장의 기회로 삼는 동시에, 변하지 않는 가치와 원칙을 통해 우리의 삶을 더욱 의미 있게 만드는 것입니다. 이러한 균형 잡힌 접근은 우리가 변화를 두려워하지 않고 더 나은 자신으로 나아갈 수 있는 길을 열어 줍니다. 이러한 자세를 통해 삶의 본질에 대해 깊이 고민하는 기회를 가지면 좋겠습니다.

 답

1문단: 세상에 변하지 않는 것은 없다고 주장한 헤라클레이토스
2문단: 세상의 모든 것이 변화하는 것의 중요성
3문단: 변화를 삶의 중요한 부분으로 이해해야 한다고 주장한 헤라클레이토스
4문단: 청소년기의 급속한 변화도 삶의 부분으로 받아들여 배울 것을 찾는 태도

인간은 누구나 행복을 추구할 권리가 있다. 그러나 '이것이 행복이다!'라고 명확하게 정의를 내리기는 어렵다. 각자의 삶을 살아감에 있어서 행복에 대한 정의는 사람마다 다르고 상황에 따라 느끼는 행복도 변화하기 때문이다. 약 2400년 전, 행복이 무엇인지 조목조목 분석한 철학자 아리스토텔레스가 있다. 그의 말에 따르면 행복과 행운은 다르다. 행운은 우연히 찾아오는 좋은 일이고, 행복은 스스로 노력해서 얻는 만족감이다. 행복은 물질적인 조건이 아니라 마음이 즐겁고 만족스러운 상태에서 비롯된다.

아리스토텔레스는 인간이 행복해지기 위해서는 인간다움을 추구하고 덕에 바탕을 둔 생활을 해야 한다고 강조했다. 아리스토텔레스는 인간의 덕은 곧 '중용'을 지키는 것이라 믿었다. 행복하기 위해 중용의 덕을 지녀야 하고 이를 실천하는 사람은 행복할 수 있다는 것이다. 아리스토텔레스가 지칭하는 중용이란 지나치지도 모자라지도 않으며, 욕구나 감정에 치우치지 않고 이성에 따라 자신의 능력을 조화롭게 발휘하는 것이다. 그는 인간은 이성적인 존재이기 때문에 이성을 최대한 발휘해야 한다고 강조했다. 지혜, 용기, 절제와 같은 미덕들이 중용에 속하며, 이러한 미덕들을 습관화해야 진정한 행복을 느낄 수 있다고 말했다.

그의 저서 중 하나인 《니코마코스 윤리학》은 아리스토텔레스가 아들에게 행복에 대해 강의하는 형식으로 구성되어 있다. 이 책은 모든 행동의 궁극적인 목적이 행복을 추구하는 것이라는 주제를 중심으로 여러 윤리적 원칙을 다룬다. 아리스토텔레스는 우리가 행복을 찾기 위해 단순히 쾌락만을 좇아서는 안 된다고 강조한다. 진정한 행복은 깊이 있는 만족감과 의미 있는 삶의 결과로 이루어진다. 이성을 발휘하고 자신의 행동이 중용에 부합하는지 고민하는 과정을 통해 더 깊고 지속적인 행복을 느낄 수 있다. 개인적으로는 성숙하고 사회적 관계 속에서는 중요한 역할을 해 행복을 확고하게 할 수 있다는 것이다.

진정한 행복은 단순히 즐거움을 추구하는 것으로 이루어지는 것이 아니라 내면의 덕을 통해 이루어진다. 행복은 모든 행동의 궁극적인 목표이며, 이를 위해 우리는 중용을 지키고 이성을 발휘해야 한다. 매일의 행동이 행복으로 이어지는지 고민해야 한다. 하루하루의 작은 선택들이 우리의 삶을 만들어 가며 그 속에서 진정한 행복을 찾을 수 있다. 진정한 행복은 누군가가 만들어 주거나 저절로 이루어지지 않는다. 우리가 스스로 만들어 가는 결과이다. 매일의 삶 속에서 중용을 실천하고 나의 목표와 가치를 잊지 않도록 노력하며, 행복을 추구하는 과정을 통해서 진정한 행복을 찾을 수 있을 것이다.

똑똑하게 분석해 봅시다

- 문단별로 핵심어를 찾아 동그라미 표시해 보세요.

- 각 문단의 중심 내용을 정리해 보세요.

  1문단 :

  2문단 :

  3문단 :

  4문단 :

자유롭게 생각해 봅시다

- 중용을 지키는 삶에 대해서 어떻게 생각하나요? 중용을 지키는 삶에 대해 찬성 또는 반대한다면 그 이유는 무엇인가요?

- 지금 나는 행복한가요? 행복하다면 더 행복해지기 위해서, 행복하지 않다면 행복해지려면 어떤 것을 하면 좋을까요?

분명하게 표현해 봅시다

- 아리스토텔레스는 인간의 행복에 대해 이야기했습니다. 그로부터 몇천 년이 지난 지금, 우리는 행복한가요? 진정한 행복에 대한 나의 생각을 정리해서 적어 봅시다.

사람마다 행복의 의미는 다를 수 있습니다. 행복의 중요한 요소 중 하나는 감사입니다. 감사는 우리가 가진 것에 대해 고마움을 느끼는 마음입니다. 감사하는 마음을 가진 사람은 더 행복하고 긍정적인 삶을 산다고 합니다. 감사하는 마음을 표현하면 스트레스가 줄어들고 우울감이 감소하며 면역력도 강화됩니다. 이렇게 감사는 단순히 어떤 감정을 느끼는 것이 아니라 우리의 건강과 행복에 직접적인 영향을 미칩니다.

그렇다면 감사하는 마음은 어떻게 키울 수 있을까요? 가장 간단한 방법은 감사한 일을 매일 기록하는 것입니다. 하루를 마치기 전에 오늘 하루 동안 고마웠던 일이나 사람을 떠올리고 그 마음을 적는 것입니다. 거창하거나 큰일이 아니어도 좋습니다. 작고 소소한 일이라도 꾸준히 적으면 긍정적인 생각이 늘어나고 행복함을 느낄 수 있습니다. 그 마음을 표현하는 것도 중요합니다. 고맙다고 말하거나 사랑한다고 말하는 것은 큰 변화를 가져옵니다. 감사의 마음을 표현하면 표현하는 사람도 받는 사람도 행복을 느낄 수 있습니다. 감사하는 마음을 가진 사람은 긍정적인 시각을 갖고 희망을 잃지 않습니다. 결과적으로 감사를 느끼는 것은 삶의 질을 전반적으로 높입니다.

작은 것에도 감사할 줄 아는 마음을 기르면 우리의 삶은 더욱 행복해질 것입니다. 오늘부터 감사하는 마음을 키우고 주변의 소중한 것들을 돌아보는 것은 어떨까요? 우리의 행복은 이미 우리 마음속에 존재하고 있습니다. 이 행복을 발견하고 키우며 늘 주변에 감사하는 마음을 가지면 좋겠습니다.

답

1문단: 행복에 대한 다양한 정의 2문단: 아리스토텔레스가 말하는 행복의 정의
3문단: 아르스토텔레스의 저서 속 내용 4문단: 진정한 행복을 찾기 위해 추구할 것

4장

정치

1 청소년의 정치 참여는 왜 중요한가?

청소년의 정치 참여는 우리 사회의 미래를 밝히는 중요한 요소이다. 독일과 영국에서는 청소년이 정치에 참여할 수 있는 다양한 기회를 제공한다. 독일의 기독민주당과 사회민주당은 각각 만 16세와 14세부터 당원 가입을 허용하여 수많은 청년 당원을 양성하고 청년 정치 조직을 운영하며 청소년의 목소리를 정책에 반영하고 있다. 영국 노동당 역시 만 14세 이상의 청년 당원을 대상으로 청년노동당을 조직해 젊은 층의 관심사를 정책에 반영하고 있다. 이들 나라에서는 일찍부터 청소년이 정치에 참여하고 자신의 의견을 표현할 기회를 제공하여 민주주의의 발전에 기여하고 있다.

우리나라에서도 청소년의 정치 참여에 대한 의식이 높아지면서 정치 참여 요구가 증가하고 있다. 이제 사람들은 청소년을 단순히 보호하고 규제해야 할 대상으로 바라보는 것이 아니라 사회에 적극적으로 참여하는 시민으로 인식하기 시작했다. 청소년이 진정한 시민으로 성장하기 위해서는 그들이 정치에 참여할 충분한 기회를 제공하고 시민적 권리를 확장하는 것이 무엇보다 필요하다. 투표권은 청소년이 자신들의 목소리를 내고 사회의 일원으로서 책임을 다할 수 있는 중요한 방법 중의 하나이다. 투표를 통해 정치적 의사 결정 과정에 직접 참여하고, 자신의 의견이 정책에 반영되도록 할 수 있다. 이러한 경험은 청소년이 민주주의의 가치를 이해하고 자신이 살아가는 사회에 대해 깊이 생각하게 돕는다.

우리나라의 정치 환경은 아직 제도와 환경이 충분히 갖춰지지 않았다는 비판이 많다. 이념 대립이 여전히 심각하고 교육 현장에서 정치적 중립성을 유지하기 어려운 상황이다. 청소년 스스로도 정치 참여에 대한 준비가 부족하다는 의견이 있다. 교육감 선거권 연령을 만 16세로 낮추는 문제에 대해서도 많은 청소년이 자신의 생각이 반영되기보다 외부의 영향을 받아 왜곡될 수 있다고 우려하며 반대하기도 했다. 현재 국회의원 선거와 지방 선거의 피선거권 연령을 만 18세로 낮췄고, 정당 가입 연령도 만 18세에서 조정되어 만 16세 이상의 국민이라면 누구나 정당의 발기인 및 당원이 될 수 있다. 다만 만 18세 미만의 경우 법정 대리인의 동의서가 필요하다.

이러한 변화는 청소년이 정치에 참여할 기회를 확대하고 그들의 목소리가 정책에 반영될 수 있는 기반을 마련했다. 청소년이 적극적으로 정치에 참여하는 것은 우리 사회의 미래를 위해 꼭 필요한 과정이다. 이를 통해 자신의 의견과 필요가 반영된 사회를 만들 수 있기 때문이다. 청소년의 정치에 대한 관심은 더 나은 사회를 만드는 데 필수적이며, 청소년은 정치에 관심을 갖고 다양한 방식으로 목소리를 내기 위해 노력할 필요가 있다.

똑똑하게 분석해 봅시다

● 문단별로 핵심어를 찾아 동그라미 표시해 보세요.

● 각 문단의 중심 내용을 정리해 보세요.

　1문단 :

　2문단 :

　3문단 :

　4문단 :

자유롭게 생각해 봅시다

● 자신이 정치에 참여한다면 어떨 것 같나요? 청소년 정치 참여에 대해 찬성 또는 반대한다면 그 이유는 무엇인가요?

● 아직 우리나라에서 청소년의 정치 참여는 활발하지 않습니다. 청소년의 정치 참여를 확대할 수 있는 다른 방법은 없을까요?

분명하게 표현해 봅시다

● 어떻게 하면 청소년이 적극적으로 정치에 참여할 수 있을지 구체적인 방법을 생각해 보고 청소년의 정치 참여에 대한 나의 생각을 정리해서 적어 봅시다.

확장해서 읽어 봅시다

미국의 16대 대통령인 에이브러햄 링컨Abraham Lincoln은 게티즈버그Gettysburg 연설에서 "국민의, 국민에 의한, 국민을 위한" 정부를 이야기했습니다. 이 말은 현대 민주 정치의 핵심을 잘 보여 줍니다. 우선 "국민의" 정부는 모든 정치 권력이 국민에게서 나온다는 국민 주권을 의미합니다. 민주주의에서는 권력이 독점되지 않고 모든 국민이 정치적 의사 결정에 참여할 권리를 가지고 있다는 것입니다. "국민에 의한" 정부는 국민이 자신의 의사를 표현하고, 그에 따라 정치가 이루어져야 한다는 의미입니다. 민주 정치에서는 국민이 주체가 되어야 하며, 정치적 결정 과정에 적극적으로 참여해 자신들의 의견이 정책에 반영될 수 있도록 해야 합니다. "국민을 위한" 정부는 정부가 국민의 권익과 행복을 증진하기 위해 존재한다는 뜻입니다. 정부는 국민이 더 나은 삶을 살 수 있도록 교육, 건강, 사회 안전망 등의 다양한 분야에서 국민 복지가 이루어지도록 노력해야 합니다.

민주 정치가 제대로 이루어지려면 국민은 자신들의 요구가 올바르게 반영되도록 정치에 적극적으로 참여해야 합니다. 그러기 위해서 우선 정치에 관심을 가져야 합니다. 다양한 매체를 통해 사회의 문제와 정치적 이슈를 이해하고 자신의 의견을 마련할 필요가 있습니다. 국민이 주인으로서 권리를 행사하는 대표적인 방법으로 투표를 통해 정치적 의사를 표현할 수 있습니다. 중요한 점은 투표 후에도 당선된 사람들이 어떻게 일하는지 지켜봐야 한다는 것입니다. 만약 불만이 있다면 목소리를 내는 것도 필요합니다. 민주 정치를 발전시키기 위해 정치에 관심을 가지고 적극적으로 참여하는 태도는 필수입니다.

답

1문단: 청소년 정치 참여의 중요성과 외국의 사례　　2문단: 한국 청소년의 정치 참여 확대에 대한 인식 변화
3문단: 한국 청소년의 정치 참여 현황　　　　　　4문단: 청소년 정치 참여 확대의 필요성

평균 수명의 증가와 출생율 저하로 65세 이상 고령자 인구의 비율이 점차 높아지는 현상을 인구 고령화라고 한다. 국제 연합^{UN}의 기준에 따르면 전체 인구에서 65세 이상이 차지하는 비율인 고령자 인구 비율이 7% 이상이면 고령화 사회, 14% 이상이면 고령 사회, 20% 이상이면 초고령 사회로 분류된다. 통계청에 따르면 한국은 2000년에 고령화 사회에 진입했고 2017년에 고령 사회에 진입했으며 2024년 12월에 초고령 사회에 진입했다. 이러한 변화와 함께 독거노인 가구도 급증하고 있다. 2024년 65세 이상 노인 인구 중 독거노인 가구 비율은 22.1%에 달한다.

저출생과 고령화의 영향으로 생산 가능 인구는 감소하는 반면, 부양해야 할 노령 인구는 지속적으로 증가하고 있다. 이로 인해 노동력이 부족해지고 부양 비용이 증가하는 심각한 상황이다. 노령 인구가 급격하게 증가함에 따라 노인 돌봄 서비스가 적극적으로 제공되어야 하지만 늘어나는 노인 인구에 비해 돌봄 인력이 부족한 것이 현실이다. 한국의 노인 빈곤율은 OECD 회원국 가운데 압도적으로 높다. 이는 노후 준비가 되어 있지 않은 노년층이 급격하게 증가하고 있다는 의미이다. 노인은 다른 연령층에 비해 건강이 약해 의료비 지출이 높은 편으로 노령 인구가 증가하면 국가의 재정적 부담을 가중시킬 수 있다.

고령화 사회에 대응하기 위한 방안으로는 무엇이 있을까? 우선 노인이 건강하고 활력 있는 사회생활을 영위할 수 있도록 다양한 정책과 서비스를 마련해야 한다. 이를 위해서 지역 사회에 거주하는 고령층을 대상으로 정서 지원과 건강 관리 등의 서비스를 통합적으로 제공하여 의료와 돌봄 수요에 능동적으로 대응해야 한다. 또 노인이 자신의 경력과 역량을 활용할 수 있도록, 다양한 형태의 노인 일자리 및 사회 활동 지원 사업을 통해 노후 대비가 부족한 노년층에 일자리를 늘리는 것도 필요하다. 더불어 고령화 사회의 주요 원인 중 하나인 출생율 감소에 대한 복합적인 정책에 대한 적극적인 논의도 필요하다.

고령화 사회의 문제를 해결하기 위해서는 국민적 공감대가 형성되어야 한다. 이를 위해 정부와 기업 그리고 개인이 함께 협력하여 고령화 사회에 맞는 다양한 대책을 마련해야 한다. 특히 고령화 문제의 심각성을 인식하고 이를 해결하기 위한 사회 전체의 노력이 절실하다. 빠르게 진행되고 있는 저출생, 고령화 시대에 국민 모두가 건강하고 안정된 삶을 영위할 수 있도록 사회 안전망을 확충하고 필요한 지원과 제도를 적극적으로 마련해야 하는 시점이다.

- 문단별로 핵심어를 찾아 동그라미 표시해 보세요.

- 각 문단의 중심 내용을 정리해 보세요.

  1문단 :

  2문단 :

  3문단 :

  4문단 :

- 고령화 사회가 우리 사회에 미치는 영향은 무엇이라고 생각하나요?

- 우리나라의 고령화 문제를 해결할 수 있는 좋은 방법은 무엇이 있을까요?

- 고령화 사회에 빠르게 진입한 이유 중 하나가 저출생입니다. 저출생과 고령화 사회의 문제를 어떻게 해결하면 좋을지 나의 생각을 정리해서 적어 봅시다.

인구 오너스Demographic Onus는 생산 가능 인구(15~64세)가 전체 인구에서 차지하는 비중이 낮아지면서 경제 활동에 참가하는 비율이 떨어지고 경제 성장이 둔화되는 현상을 말합니다. 반대로 생산 가능 인구가 늘어나면서 경제 성장률이 높아지면 이를 인구 보너스Demographic Bonus라고 합니다. 인구 오너스는 저출생과 고령화로 발생하는데, 노동력이 부족하면 경제 성장이 둔화되고 소비가 감소합니다. 결과적으로 경기가 침체되고 국가 사회 보장비 지출 증가로 재정 부담의 원인이 될 수 있습니다.

인구 오너스 문제는 전 세계적인 추세입니다. 한국은 일부 군 단위에서 인구 소멸이 시작되어 인구 오너스 시대가 본격화되고 있다는 우려의 목소리가 높습니다. 통계청 자료에 의하면 한국의 생산 가능 인구는 감소 중이며 '합계 출생율'은 0.75명에 불과해 초저출생 기준인 1.3명 미만을 넘지 못했습니다. 출생율을 높이고 노령 인구의 경제 활동 참여를 유도하는 등 인구 오너스 시대에 대비한 대책이 필요한 시점입니다.

현재 노인 세대는 과거 생산 가능 인구로서 우리나라의 경제 성장을 이끌었던 존재입니다. 노인 세대가 갖고 있는 경험과 지식을 활용할 수 있는 일자리를 마련해 그들의 경제 활동 참여를 유도해야 합니다. 일과 가정이 양립할 수 있는 환경을 조성하는 등의 정책을 통해 출생율을 높이는 것도 중요합니다. 젊은 세대와 노인 세대가 서로 존중하고 협력할 수 있는 사회 분위기도 만들어야 합니다. 이러한 노력을 통해 세대 간의 갈등을 줄이고 함께 발전하는 사회를 만들 수 있습니다.

답

1문단: 한국의 고령화 사회 진입　　　　2문단: 인구 고령화로 인한 문제점
3문단: 인구 고령화에 대응하기 위한 방안　　4문단: 인구 고령화를 해결하기 위한 사회 전체의 노력

재판장

검사

변호사

증인

피고인

드레퓌스Dreyfus 사건은 프랑스를 이념적으로 갈라놓았던 유명한 정치 스캔들이다. 1894년 유대인 장교 드레퓌스가 프랑스의 군사 기밀을 파리 주재 독일 대사관에 넘겼다는 이유로 종신형을 선고받고 프랑스령 기아나 악마의 섬에 유배되었다. 2년 뒤 다른 장교가 진범이었다는 정보가 드러났으나 군법 회의는 이를 묵살하고 재판 개시 이틀 만에 만장일치로 혐의자를 석방했다. 이후 드레퓌스는 다른 정보 장교가 날조한 문서를 근거로 추가 기소되었다. 드레퓌스가 유죄 판결을 받은 이유는 그가 독일계 유대인이었기 때문이다. 인종주의와 애국주의가 팽배했던 시절, 대중에게 중요한 것은 사실 관계가 아니었다. 1906년 재심을 통해 드레퓌스는 무죄 선고를 받았지만, 이 사건은 불공정한 재판의 대표적인 사례로 남았다.

재판은 사람에 의해 이루어지기 때문에 공정한 재판을 위해서는 노력이 필요하다. 공정한 재판이란 모든 사람이 법 앞에서 평등하게 대우받고 그들의 권리가 철저히 보호받는 것을 의미한다. 이는 기본적인 인권 중 하나이다. 또 법은 사회의 질서를 유지하고 정의를 실현하기 위해 존재한다. 그런데 불공정한 재판은 정의를 왜곡할 수 있으므로 재판의 과정과 결과가 편향되지 않도록 모든 증거와 주장을 공정하게 고려해 신중히 판단해야 한다.

재판의 공정성을 확보하기 위한 제도에는 세 가지가 있다. 첫째, 사법권의 독립이다. 재판이 여론이나 다른 국가 기관의 압박을 받지 않아야 국민의 권리를 보호할 수 있으므로 사법권을 독립시킨다. 법원과 법관의 독립을 보장하고 법관의 임기를 10년으로 하여 신분을 보장한다. 이를 통해 엄격하게 법으로만 판결이 이루어지도록 한다. 둘째, 심급 제도이다. 총 3심으로 나뉘는데 1심은 지방 법원, 2심은 고등 법원, 3심은 대법원이다. 1심에서 2심으로 청구하는 것을 항소, 2심에서 3심으로 청구하는 것을 상고라고 하며 이를 상소 제도라고 한다. 셋째, 증거 재판주의와 공개 재판주의다. 증거 재판주의는 범죄 사실을 증명할 수 있는 증거를 바탕으로 재판이 진행되는 것이고, 공개 재판주의는 소송 당사자 이외의 일반 시민도 재판을 방청할 수 있도록 공개하는 것이다. 이러한 원칙들은 재판을 공평하고 정의롭게 해 국민의 권리를 보호하기 위한 것이다.

공정한 재판은 개인의 권리를 보호하고 사회 정의를 실현하기 위해 필수적이다. 재판이 공정해야 법과 제도에 대한 신뢰가 쌓이고 사회 안정성이 높아진다. 인간이 만든 어떤 제도도 완벽하지 않으므로 공정한 재판을 위한 제도적 장치와 노력이 지속적으로 필요하다. 이를 통해 우리는 정의로운 사회를 구축하고, 모든 시민의 권리를 보호할 수 있는 기반을 마련할 수 있다.

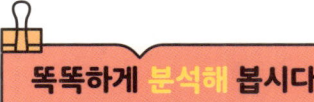
똑똑하게 분석해 봅시다

● 문단별로 핵심어를 찾아 동그라미 표시해 보세요.

● 각 문단의 중심 내용을 정리해 보세요.

1문단 :

2문단 :

3문단 :

4문단 :

자유롭게 생각해 봅시다

● 공정한 재판이 이루어져야 하는 이유는 무엇인가요?

● 재판이 끝나고 나서 재판이 공정하다고 생각하는 사람도 있지만 공정하지 않다고 생각하는 사람도 있습니다. 재판을 한 사람들이 자신들이 받은 재판이 공정하다고 느낄 수 있는 방법은 무엇이 있을까요?

분명하게 표현해 봅시다

● 어떤 재판이 공정한 재판일까요? 공정한 재판에 대한 나의 생각을 정리해서 적어 봅시다.

　우리 사회는 법과 제도에 의해 운영됩니다. 이 법과 제도가 신뢰받아야만 안전하고 평화로운 환경에서 살 수 있습니다. 법은 단순한 규칙이 아니라, 서로를 존중하고 보호하기 위한 중요한 약속입니다. 법과 제도가 국민의 신뢰를 받으려면 처벌이 공정해야 합니다. 사람들은 처벌이 공정하지 않다고 느끼면 법과 제도를 신뢰하지 않습니다.

　법과 제도가 신뢰를 받으면 다툼이나 갈등이 생겼을 때 법적인 절차에 따라 문제를 평화롭게 해결할 수 있습니다. 법이 신뢰받는 사회에서는 대화와 합의를 통해 갈등을 해결할 수 있으며 모든 사람의 권리가 보호받습니다. 법이 공정하고 신뢰할 수 있어 스스로 올바른 행동을 하도록 돕는 환경이라면, 사람들은 자발적으로 법을 준수하게 되어 갈등이 줄어들고 사회 질서가 유지됩니다.

　법과 제도가 국민의 신뢰를 받는 정의로운 사회를 만들기 위해서 우리 모두의 참여가 필요합니다. 다양한 의견을 나누고 서로의 생각을 존중하는 문화를 형성하는 것은 법을 향한 신뢰를 형성하는 첫걸음입니다. 공정하게 법을 집행하고 시민들이 존중받는 사회가 될 때 우리는 미래를 더욱 희망적으로 만들어갈 수 있습니다. 법과 제도의 중요성을 인식하고 정의로운 사회를 만드는 데 우리가 어떤 역할을 해야 하는지 깊이 고민해 보면 좋겠습니다.

답

1문단: 불공정한 재판의 대표적인 사례　　　2문단: 공정한 재판의 중요성
3문단: 재판의 공정성을 확보하기 우 한 세 가지 제도　　　4문단: 공정한 재판의 필요성

학급 회의는 민주적 절차를 통해 학급의 여러 문제를 해결하고 의견을 나누는 중요한 자리이다. 이 회의에서 학급 내의 모든 학생이 각자의 생각을 자유롭게 표현하며 함께 문제를 해결하기 위해 노력한다. 학급 회의를 할 때는 각각의 의견이 충분히 반영될 수 있도록 시간을 갖고 토론해야 하며, 만약 의견이 좁혀지지 않아 합의에 이르지 못할 경우에는 투표를 통해 다수의 의견을 선택하는 방법을 사용한다. 이러한 모든 과정은 사회에서 발생하는 여러 쟁점을 해결하기 위한 민주적 절차의 과정과 흡사하다. 마찬가지로 우리 사회에도 다양한 의견과 이해관계가 존재하며, 이를 조율하기 위해 서로의 목소리를 듣고 존중하는 과정이 필수적이다.

민주적 절차를 따르는 것은 쟁점을 해결하는 데 있어 매우 중요하다. 우리 사회는 다양한 배경과 경험을 가진 사람들로 이루어져 있고 서로 다른 의견과 생각을 가지고 있다. 이러한 다양성은 때때로 갈등을 일으키기도 하지만 민주적 절차를 잘 활용한다면 효과적으로 해결할 수 있다. 쟁점이 생겼을 때 민주적 절차를 따르는 것은 매우 중요하다. 만약 한쪽의 의견만 반영되고 다른 쪽의 의견이 무시된다면 의견이 반영되지 못한 사람들은 소외감을 느끼고 그 결정에 불만을 가질 수 있다. 이는 공동체의 분열을 초래하고 신뢰를 저하시킬 수 있는 큰 문제이다.

민주적 절차를 따르기 위해서는 서로 자유롭게 의견을 나누고 각자의 생각을 이해하는 것이 중요하다. 의견을 제시할 때는 상대방의 입장을 이해하고 존중하려고 노력해야 한다. 그러나 의견을 나누는 사람이 많거나 의견이 다양하다면 모든 의견을 정리하고 조율하는 데 어려움을 겪을 수 있다. 이럴 때는 투표를 통해 결정을 내리는 것이 효과적이다. 투표는 여러 의견 중에서 가장 많은 사람이 지지하는 의견을 선택하는 과정이다. 이를 위해 충분한 논의와 토론을 거쳐 서로의 의견을 비교하고 장단점을 분석해야 한다. 이렇게 하면 각자의 의견을 충분히 반영하면서도 합리적인 결정을 내릴 수 있다. 이 과정에서 다양한 관점으로 문제를 바라보게 되어 폭넓은 해결책을 찾을 수도 있다.

민주적 절차를 지키는 것은 갈등을 해결하는 데 필수적이다. 학급이나 동아리에서 문제가 생겼을 때, 자신의 의견을 적극적으로 제시하고 친구들의 의견을 경청해야 한다. 또 친구들과 프로젝트를 진행해 보는 것도 좋다. 이러한 과정을 통해 민주적 절차를 배울 수 있기 때문이다. 민주적 절차를 지키고 서로 존중하며 협력하는 과정을 통해 함께 성장하고 발전하는 사회를 만들어 갈 수 있다.

- 문단별로 핵심어를 찾아 동그라미 표시해 보세요.

- 각 문단의 중심 내용을 정리해 보세요.

    1문단 :

    2문단 :

    3문단 :

    4문단 :

- 문제가 발생했을 때 민주적 절차를 지켜야 하는 이유는 무엇인가요?

- 민주적 절차를 지키기 위해서는 많은 사람의 의견을 모아야 합니다. 사람들의 의견을 모을 수 있는 좋은 방법은 무엇일까요?

- 문제가 발생했을 때 민주적 절차에 따라서 운영하고 있나요? 민주적 절차에 따라 운영하지 않았을 때 속상했던 경험이 있다면 그 경험을 떠올려 보고 민주적 절차를 지키는 것에 대한 나의 생각을 정리해서 적어 봅시다.

　　로버트 달Robert Alan Dahl은 민주주의를 연구한 미국 정치 철학자입니다. 그는 이상적인 민주 정치 체제와 실제로 존재하는 민주 정치 체제를 구별하며, 실제로 존재하는 민주 정치 체제를 '다두 정치'라고 했습니다. 다두 정치는 한 사람이 다스리는 군주 정치나 소수가 지배하는 귀족 정치와 달리 다수의 민중이 다스리는 정치 체제를 의미합니다.

　　그는 민주적 질서 유지를 위해 최소 일곱 가지 제도가 필요하다고 주장했습니다. 정부의 정책은 선출된 공직자들에 의해 결정되어야 하고, 선거는 모두에게 공정하게 실시되어야 합니다. 모든 성인은 공직자의 선거에 참여할 수 있는 권리가 있으며, 모든 성인은 공직에 지원할 기회가 있습니다. 시민들은 정부의 정책에 대해 자유롭게 의견을 제시할 수 있고, 다양한 정보를 얻을 수 있는 권리를 가지고 올바른 판단을 할 수 있습니다. 이러한 권리를 행사하기 위해 시민들은 독립된 정치 집단이나 이익 집단을 구성할 수 있습니다. 이것만으로 완전한 민주 국가가 되기는 어렵지만 현실적으로는 정치 체제 중 가장 민주적이라고 주장했습니다.

　　물론 사람들이 공공 문제에 참여하지 않거나 관심을 가지지 않을 수도 있고, 관심을 갖는 문제의 범위가 좁을 수도 있습니다. 민주주의는 모두가 함께 참여하고 함께 성장하는 과정입니다. 이러한 민주주의를 지키고 발전시키기 위해 우리가 해야 할 일은 무엇인지 고민하고 행동으로 옮겨 보면 좋겠습니다.

답

1문단: 학급 회의와 민주적 절차의 유사성　　2문단: 민주적 절차를 따르는 것의 중요성
3문단: 민주적 절차를 따르기 위한 과정　　4문단: 민주적 절차를 지키는 태도를 키우는 방법

자유 무역 협정Free Trade Agreement, FTA은 두 개 이상의 국가가 상품이나 서비스를 사고팔 때 관세나 각종 수입 제한을 줄이거나 없애서 무역을 보다 자유롭게 할 수 있도록 하는 제도이다. 이러한 협정은 협상에 따라 모든 상품의 관세를 완전히 없애기도 하고 일부 상품에 대해서만 관세를 부과하기도 한다. 세계무역기구WTO가 모든 회원국에게 공평하게 혜택을 제공하는 반면, 자유 무역 협정FTA은 협정을 맺은 국가들끼리만 관세를 낮추거나 면제해 준다. 최근에는 세금과 무역 장벽을 없애는 것뿐만 아니라 서비스, 투자, 지적 재산권, 정부 조달, 경쟁 정책, 환경, 노동 등 다양한 분야에서도 협상이 활발하게 이루어지고 있다.

자유 무역 협정을 통해 기업들은 세금 혜택을 받아 더 저렴한 가격으로 상품을 수출할 수 있다. 관세가 없거나 낮으면 기업은 외국 시장에서 경쟁력 있는 가격으로 제품을 판매할 수 있어 수출이 증가하고 매출이 늘어나는 효과가 발생한다. 매출이 증가하면 기업은 생산량을 늘리기 위해 투자에 나선다. 이는 새로운 일자리를 창출하는 긍정적인 결과로 이어진다. 일자리 증가는 경제 전반에 활력을 불어넣어 경제 발전에 기여한다. 소비자 입장에서도 자유 무역 협정 덕분에 수입품의 가격이 낮아지면 더 저렴한 가격으로 수입품을 구입할 수 있다. 그 결과 자유 무역 협정으로 소비자 선택의 폭이 넓어지고 생활수준이 향상되는 효과를 가져온다.

하지만 이런 자유 무역 협정에는 단점도 존재한다. 특정 국가의 산업이 다른 나라에 비해 경쟁력이 낮을 경우 그 산업은 타격을 받을 수 있다. 예를 들어 우리나라의 농업이나 축산업처럼 경쟁력이 약한 분야는 자유 무역 협정으로 인해 피해를 입을 가능성이 크다. 상대적으로 가격이 저렴한 외국 농축산물이 국내 시장에 들어오면 소비자들은 수입품을 선호할 것이고 국내 농축산업이 어려움을 겪으며 외화가 유출되는 상황이 발생할 수 있다. 경쟁력이 낮은 산업에 대한 적절한 대책이 마련되지 않으면 이러한 산업들은 지속적으로 피해를 입을 수밖에 없다. 자유 무역 협정을 체결하기 전 농축산물과 같은 경쟁력이 낮은 산업에 대해 수입 물량을 제한하거나 적절한 기준을 세워서 국내 시장을 보호함으로써 국내 산업의 안정성을 확보해야 한다.

자유 무역 협정의 장점과 단점은 뚜렷하여 국가 내에서도 이에 대한 의견이 크게 나뉜다. 우리나라는 수출에 의존하는 무역 국가로, 자유 무역 협정의 장점이 단점보다 크다고 판단해 많은 협정을 체결하려 노력하고 있다. 이러한 협정으로 얻은 이익을 바탕으로 피해를 보는 산업에 지원하는 등 다양한 방법을 마련하고 있다. 자유 무역 협정은 우리나라 경제에 큰 영향을 미치는 중요한 제도이므로 이를 잘 이해하고 활용하는 것이 필요하다.

똑똑하게 분석해 봅시다

- 문단별로 핵심어를 찾아 동그라미 표시해 보세요.

- 각 문단의 중심 내용을 정리해 보세요.

  1문단 :

  2문단 :

  3문단 :

  4문단 :

자유롭게 생각해 봅시다

- 자유 무역 협정으로 내가 사용하고 있거나 먹고 있는 것 중 어떤 영역이 혜택을 받고 어떤 영역이 피해를 입고 있는지 생각해 본 적이 있나요? 자유 무역 협정에 대해 찬성 또는 반대한다면 그 이유는 무엇인가요?

- 자유 무역 협정으로 가장 피해가 큰 영역이 농축산업입니다. 외국의 농축산업과 비교하여 우리나라 농축산업의 경쟁력을 키울 수 있는 좋은 방법은 없을까요?

분명하게 표현해 봅시다

- 자유 무역 협정은 필수적일까요, 필요악일까요? 자유 무역 협정의 의미를 다시 살펴보고 자유 무역 협정에 대한 나의 생각을 정리해서 적어 봅시다.

세계무역기구는 회원국의 무역 관계를 관리하고 무역 분쟁을 해결하여 자유롭게 무역을 하도록 돕습니다. 세계무역기구는 법적 구속력을 가지고 있는 국제기구로, 모든 중요한 결정은 각료 회의와 대사 또는 대표단을 통해 전체 회원국에 의해 이루어집니다. 각료 회의는 2년마다 한 번씩 개최되고 일반 이사회가 각료 회의를 대신해 주요 업무를 수행하고 실질적인 의사 결정을 합니다.

세계무역기구는 각국 정부가 시행 중인 무역 정칙 및 법률을 모니터링하여 무역 협상의 내용이 잘 지켜지고 있는지 정기적으로 감시합니다. 또 국가 사이에 발생하는 무역 분쟁에 대한 판결권을 가지고 판결을 강제 집행하여 국가 간에 발생하는 분쟁을 조정합니다. 세계무역기구의 공식 통계에 따르면 1955년 설립 이후 현재까지 무역 분쟁 소송은 총 540여 개에 달한다고 합니다. 각국은 권리가 침해당했다고 생각하면 제소할 수 있으며 전문가에 의해 판결을 내립니다. 더 나아가 세계무역기구는 세계 교역을 증진시키는 역할도 합니다. 서비스, 지적 재산권 등의 교역 대상을 확장시켜 세계 교역을 자연스럽게 증진하는 역할을 합니다. 개발 도상국을 위한 특별 조항을 통해 매년 개발 도상국에 수백 개의 기술 협력을 하며 세계 교역을 증진시키는 노력도 합니다.

세계무역기구는 세계 경제의 지속적인 발전을 위해 자유 무역을 지향하는 강력한 국제기구로 출범했습니다. 세계 각국은 자신의 이익을 위하기 때문에 갈등이 발생할 수밖에 없습니다. 어떻게 하면 세계의 모든 국가가 함께 발전할 수 있을 것인지 다함께 고민해 보면 좋겠습니다.

답

1문단: **자유 무역 협정의 정의와 특징**　　2문단: **자유 무역 협정의 장점**
3문단: **자유 무역 협정의 단점**　　4문단: **자유 무역 협정에 대한 당부**

전쟁은 국가 또는 정치 집단 간에 발생하는 폭력적인 충돌로, 인류 역사에서 복잡하고 다양한 원인으로 발생해 왔다. 전쟁이 발생하면 정치 집단뿐만 아니라 전쟁과 관계없는 민간인에게도 큰 고통을 안겨주어 인간 사회에 심각한 영향을 미친다. 전쟁으로 많은 생명이 희생되며 인프라가 파괴되고 사회적 불안정성이 증가하여 장기적으로 한 문명의 유산이 소실되는 경우도 발생한다.

전쟁의 원인으로는 주로 자원, 영토, 이념, 종교, 정권 등이 있다. 이러한 것들은 국가나 정치 집단 간의 갈등을 유발하고, 구성원들이 평화적인 합의에 도달할 의지가 없거나 도달하지 못하거나 혹은 이익에 방해받을 때 전쟁이 발생한다. 고대에 전쟁의 원인은 비교적 명확했다. 농업이 주요 생계 수단이었던 시절, 강 유역의 쓸 만한 땅이 부족했고 인구가 증가함에 따라 새로운 땅이 필요해졌다. 서로 더 많은 땅을 갖기 위해 부족 간의 갈등이 심해졌으며, 다른 부족을 침략해 땅, 노동력, 여성, 재화 등을 확보해 더욱 부강해지려는 시도가 자주 일어났다. 그러나 농업 기술이 발전하고 관개 시스템이 도입되면서 농업 생산력이 증가하자 전쟁의 원인은 단순한 자원 확보에서 국제 정치적, 종교적 요인으로 변화했다.

21세기 이후 전쟁의 양상은 과거와 비교해 더욱 복잡하고 어려워졌다. 자본주의 경제가 팽창하며 글로벌 교역 활동이 활발해지면서 국가 간의 경제적 상호 의존성이 증가했다. 이러한 경제적 연결은 전쟁의 비용을 높이고 전쟁으로 인한 파괴가 국가 경제에 미치는 영향을 심각하게 고려하게 만들었다. 무기의 발전도 전쟁의 양상에 영향을 미쳤다. 현대의 군사 기술은 정교하고 고도화되어 전쟁의 비용을 크게 증가시켰다. 이러한 상황에서 전쟁을 감행하는 것은 막대한 재정적 부담을 초래하며 전쟁을 신중하게 고민하게 했다. 더구나 전쟁을 통해 직접적으로 자원과 부를 획득할 수 있었던 과거와 달리 현대 경제에서는 지식과 정보가 주요 자산으로 부각되어 전쟁으로 얻을 수 있는 경제적 이익이 크게 줄었다. 이러한 다양한 원인으로 현대 사회는 전쟁보다 평화적인 해결책을 모색하는 방향으로 나아가고 있다.

앞으로의 세상은 지금보다 더 복잡하고 다양한 문제들이 얽히게 될 것이다. 평화로운 사회를 유지하기 위해 갈등을 해결하고 서로의 의견을 존중하는 태도를 기르는 것이 무엇보다 중요하다. 또한 다른 이들의 다양한 의견을 듣고 서로의 입장을 이해하려는 노력을 기울임으로써 갈등을 예방하고 평화를 유지하는 데 중요한 역할을 할 수 있다. 과거 전쟁의 비극을 되새기고 평화의 가치를 소중하게 여기는 마음을 가지고 이를 지키기 위해 우리가 할 수 있는 일이 무엇인지 깊이 고민하고 행동해야 할 것이다.

똑똑하게 **분석해** 봅시다

- 문단별로 핵심어를 찾아 동그라미 표시해 보세요.

- 각 문단의 중심 내용을 정리해 보세요.
  1문단 :
  2문단 :
  3문단 :
  4문단 :

자유롭게 **생각해** 봅시다

- 전쟁과 관련된 영상이나 사진을 본 적이 있나요? 그것들을 보면서 무엇을 느꼈나요? 전쟁에 대해 찬성 또는 반대한다면 그 이유는 무엇인가요?

- 우리나라는 아직 전쟁이 끝나지 않은 전시 국가입니다. 이러한 상황에서 우리나라가 평화를 유지하기 위해 어떤 좋은 방법이 있을까요?

분명하게 **표현해** 봅시다

- 현재에도 세계 각지에서는 크고 작은 전쟁이 일어나고 있습니다. 이러한 전쟁이 일어나는 이유가 무엇일까요? 그 원인에 대한 나의 생각을 정리해서 적어 봅시다.

러시아와 우크라이나의 전쟁은 2014년 2월에 시작되었습니다. 이 전쟁은 단순한 국경 분쟁이 아니라 우크라이나의 정치적 방향성과 러시아의 세력 확장을 둘러싼 복잡한 충돌입니다. 1991년 소련 해체 이후, 폴란드, 체코, 헝가리 등 많은 국가가 나토North Atlantic Treaty Organization, NATO에 가입하면서 러시아의 영향력이 약화되었습니다.

2013년 우크라이나 정부는 유럽 연합과의 협정 체결을 거부하고 러시아와 관계를 강화하려 했습니다. 이 결정은 많은 국민의 반발을 불러일으켰고, 친러 성향의 정부는 국민의 저항으로 막을 내렸습니다. 이 과정에서 러시아는 우크라이나의 나토 가입을 저지하기 위해 크림반도를 강제로 합병했습니다. 이후 2014년 4월 우크라이나 동부의 돈바스Donbass 지역에서 러시아와 합병을 원하는 반군과 이를 저지하려는 정부군 간에 전투가 발발했습니다. 러시아는 군사 개입을 부인했으나 개입 증거가 드러나 국제 사회의 비난을 받았습니다. 두 나라의 갈등은 점점 심각해졌습니다. 2021년 러시아가 우크라이나 국경 근처에 대규모 군대를 배치하며 긴장감이 고조되었습니다. 결국 2022년 2월 24일 러시아가 우크라이나를 전면 침공하면서 전쟁이 본격적으로 시작되었습니다.

이 전쟁은 전 세계에 영향을 미쳤습니다. 많은 나라가 러시아의 군사적 행동에 우려를 표했고, 우크라이나에 무기와 방어 장비를 비롯해 식량, 의료 물품, 재정 지원 등 다양한 형태의 지원을 했습니다. 이러한 지원은 우크라이나에 저항할 힘을 보태 주었으며, 동시에 국제 사회가 인권과 주권 수호를 위해 연대하는 것이 얼마나 중요한지를 다시 한번 깨닫게 했습니다.

답

1문단: **전쟁의 정의와 부정적인 영향**　　2문단: **시대에 따른 전쟁의 원인 변화**

3문단: **현대 전쟁의 복잡성**　　4문단: **전쟁의 평화적 해결의 중요성**

국제 사회에서 '핵 보유국'은 두 가지 의미로 사용된다. 하나는 1969년 체결되어 1970년 발효된 핵무기 확산을 방지하고 핵 군축을 촉진하며 평화적인 핵 이용을 위한 국제 조약인 핵확산금지조약 Nuclear Non-Proliferation Treaty, NPT 체제하에서 공식적으로 핵을 보유한 것으로 인정받는 핵 보유국이다. 이들 국가는 미국, 러시아, 중국, 영국, 프랑스 5개국이다. 다른 하나는 인도, 파키스탄, 이스라엘과 같이 사실상 핵을 보유하고 있지만 NPT 체제하에서는 핵 보유국으로 인정되지 않는 국가들이다.

핵 보유국은 핵무기를 보유함으로써 다른 나라의 공격에 핵무기로 보복할 수 있다는 두려움을 주어 전쟁을 예방하는 데 중요한 역할을 한다. 이러한 억제력 덕분에 핵 보유국은 국제회의나 협상에서 비보유국에 비해 더 많은 발언권을 가지며 다른 나라들과의 관계에서 우위를 점하는 경우가 많다. 또 국제 사회에서 중요한 역할을 수행하기도 한다. 반면 비보유국은 핵무기를 가지고 있지 않은 나라로, 이들은 핵무기를 개발하지 않거나 이미 개발한 핵무기를 포기한 나라들이다. 비보유국은 핵무기를 보유하지 않음으로써 국제 사회에서 외교적인 방법으로 갈등을 해결하려 노력하며 국제 사회와 손잡고 핵무기 확산을 방지하기 위해 힘쓰고 있다. 비보유국의 이러한 노력은 국제 평화와 안전을 위한 중요한 요소이다.

핵 보유국과 비보유국의 차이는 핵무기의 소유 여부에 그치지 않

으며 안보 정책, 국제적 지위, 군사적 전략에서도 뚜렷하게 나타난다. 북한의 경우 핵 실험 이후 자신들이 핵 보유국이라고 주장하며 국제 사회에 인정을 요구하지만 국제 사회와 우리 정부는 북한을 핵 보유국으로 인정할 수 없다는 입장을 고수하고 있다. 만일 북한이 핵 보유국으로 인정받는다면 국제적 지위와 외교적 협상에서 더 큰 영향력을 가지게 되어 군사적 안보를 강화시키고 외부 위협에 대한 방어력을 높일 수 있다. 또 외교적 협상에서 핵무기가 중요한 카드로 작용해 경제적 지원이나 정치적 양보를 이끌어 낼 수도 있다. 핵 보유 여부는 국가의 장기적 안보 전략뿐 아니라 국제 관계의 방향을 결정 짓는 중요한 변수로 작용한다.

핵무기와 관련된 논의는 앞으로도 계속될 것이며 각국은 자국의 안보와 국제 사회의 평화를 위해 신중하게 접근할 것이다. 전 세계의 안전과 안정에 직결되는 중요한 사안이기 때문이다. 각국은 핵무기 문제에 대해 책임감을 가지고 접근해야 하며, 이를 위한 국제적 협력과 각국의 외교적 노력이 필요하다. 핵무기를 통해 군사적 우위를 획득하기 위해 노력하기보다 생존과 안정을 위한 대화와 이해를 우선해야 한다. 이러한 노력이 모여 핵무기 확산을 억제하고 나아가 핵무기가 없는 세상을 만들 수 있을 것이다.

- 문단별로 핵심어를 찾아 동그라미 표시해 보세요.

- 각 문단의 중심 내용을 정리해 보세요.

  1문단 :

  2문단 :

  3문단 :

  4문단 :

- 핵무기를 보유하는 것에 대해서 어떻게 생각하나요? 핵 보유에 대해 찬성 또는 반대한다면 그 이유는 무엇인가요?

- 히로시마에 터진 원자 폭탄과 같이 핵무기의 위력은 어마하고 위험합니다. 핵 보유 외에 국제 평화를 유지할 수 있는 다른 방법은 없을까요?

- 핵무기의 존재가 국제 평화에 어떠한 영향을 미칠까요? 핵무기가 확산되는 것을 방지하기 위한 국제 사회의 역할이 무엇이라고 생각하는지에 대한 나의 생각을 정리해서 적어 봅시다.

　　1950년대 초, 한국 전쟁이 발발하면서 미국은 방어를 위해 한국에게 핵무기를 포함한 군사적 지원을 강화했습니다. 1953년 정전 협정 체결 이후, 한국은 미군과의 군사 동맹을 통해 핵무기 보호를 받았습니다. 1965년 한국은 미국과의 협정에 따라 원자력 발전소 건설을 시작했으며, 이 과정에서 핵 기술을 습득해 독자적인 핵 개발을 추진했습니다. 그러나 1970년대 초, 국제 사회의 압력과 미국의 반대로 중단할 수밖에 없었습니다. 1985년 한국은 NPT에 가입하며 국제 사회와의 협력을 통해 핵무기 비확산을 지향했습니다. 그러나 북한의 핵 개발로 한국 내 핵무기에 대한 여론이 고조되기도 했습니다. 1990년대에 북한의 핵 개발이 심각한 위협으로 대두되자 한국은 미국과의 군사적 협력을 강화했습니다. 1994년 제네바 합의가 체결되었으나, 북한의 핵 개발은 계속되었습니다.

　　2000년대 들어서 북한의 잇따른 핵 실험으로 한국의 핵무기 보유에 대한 논의가 다시 활성화되었습니다. 20'0년대에 북한의 핵과 미사일 개발이 가속화되면서 한국 정부는 미국과의 동맹을 통해 안보를 강화하고, 국제 사회와의 협력을 통해 북한의 핵 개발을 저지하기 위해 노력했습니다. 하지만 2017년 북한의 6차 핵 실험으로 한국 내에서 핵무기 보유에 대한 찬반 논의가 더욱 거세졌고, 2020년대에 들어서면서 한국은 미국과의 군사적 협력을 지속하며 북한의 핵 위협에 대응하기 위한 다양한 방안을 모색하고 있습니다. 한국의 핵 보유와 관련하여 국제 정치, 안보, 지역 정세가 복합적으로 얽혀 있으며 핵 보유에 대해 앞으로의 방향도 여전히 불확실한 상황입니다. 한반도의 평화와 안정을 위해서는 지속적이고 실질적인 외교적 노력이 필수적입니다.

 답

1문단: 핵 보유국의 정의와 핵 보유국 국가 목록　　2문단: 핵 보유국의 억제력과 국제적 위상
3문단: 북한의 핵 보유국 주장과 국제적 반응　　4문단: 핵무기 문제의 중요성과 국제 협력의 필요성

사람은 본질적으로 사회적 존재이기에 혼자서 살아갈 수 없다. 어떤 나라나 민족도 혼자서는 발전하기 어렵다. 서로의 문화를 적극적으로 받아들이고 서로 교류해야 진정한 발전을 이룰 수 있다. 서로 다른 문화가 만나서 영향을 주고받으며 소통하는 것을 문화 교류라고 한다. 문화 교류라고 하면 예술을 떠올리기 쉬우나 문화 교류는 예술에 국한되지 않고 문화, 체육, 관광 등의 모든 분야를 아우르는 매우 폭넓은 개념이다. 과거에는 문화 교류가 국가 홍보 및 자국 문화의 이해를 증진하는 역할을 했으나, 현재는 SNS, 인터넷의 발달로 다양한 문화에 대한 관심이 증대되었고 세계의 문화를 어떻게 이해할 것인가에 초점이 맞춰져 있다.

문화 교류는 서로 다른 문화가 만나는 소통의 과정이다. 이러한 교류는 우리가 다른 문화를 배우고 경험함으로써 그 나라 사람들의 생각과 가치관을 이해하는 데 큰 도움이 된다. 나와 다른 문화를 만나면 어떻게 해야 상대의 문화를 이해할 수 있을지 생각하는 과정을 통해 상대의 문화를 존중하는 방법을 배우게 된다. 이러한 경험은 개인의 성장뿐만 아니라 사회의 발전에도 긍정적인 영향을 미친다. 다양한 문화가 공존하는 사회에서는 서로의 의견을 존중하고 협력하는 태도가 필수적이다. 문화 교류는 이러한 태도를 자연스럽게 형성하도록 돕고 사회적 화합과 평화를 증진하는 데 중요한 역할을 한다.

문화 교류를 통해 다양한 문화가 만나면 새로운 아이디어와 창의

적인 결과물이 탄생할 수 있다. 아시아의 전통 음악과 서양의 클래식 음악이 결합해 새로운 장르의 음악이 탄생하는 것처럼 서로 다른 문화의 융합은 새로운 형태의 예술과 혁신적인 기술을 발전시키는 데 기여하고 우리 사회를 더욱 풍요롭게 만드는 데 중요한 역할을 한다. 이 과정에서 우리는 다양한 시각을 배우고 서로의 장점을 살려 협력할 수 있으며 각 문화의 독창성과 가치를 더욱 잘 이해하게 된다.

하지만 문화를 융합하는 과정에서 자국의 전통을 소홀히 하고 타 문화를 단순히 모방하기만 한다면 결국 자신의 정체성을 잃을 위험이 있다. 전통문화는 한 사회의 역사와 정체성을 담고 있으며 민족의 지혜와 가치가 내재되어 있다. 우리의 전통문화를 소중히 여기고 그 바탕 위에서 오래 문화의 긍정적인 요소를 받아들여 새로운 문화를 창조해야 한다. 그래야 그 문화만의 독창적인 정체성을 유지할 수 있다. 전통과 현대, 자국 문화와 외래 문화 간의 균형을 맞추는 것이 중요하며 이는 우리 사회를 더욱 풍요롭게 다채롭게 만드는 데 기여할 것이다.

똑똑하게 분석해 봅시다

● 문단별로 핵심어를 찾아 동그라미 표시해 보세요.

● 각 문단의 중심 내용을 정리해 보세요.

1문단 :

2문단 :

3문단 :

4문단 :

자유롭게 생각해 봅시다

● 문화 교류에 대해 찬성 또는 반대한다면 그 이유는 무엇인가요?

● 외국인들에게 알려졌으면 하는 우리나라의 문화는 무엇이 있으며 반대로 우리나라에 들어왔으면 하는 외국의 문화는 무엇이 있나요?

분명하게 표현해 봅시다

● 우리 문화가 더욱 창조적으로 발전하기 위해서 국가 간 문화 교류가 어떻게 되어야 할까요? 글로벌화되어 가는 현대 사회에서 국가 간 문화 교류에 대한 나의 생각을 정리해서 적어 봅시다.

한류의 영향으로 인해 외국에 나가면 "I Love Korea."라는 말을 많이 듣습니다. K-팝, 드라마, 영화, 음식 등 다양한 분야에서 한류를 즐기는 사람들이 증가하고 있습니다. 한류 팬들은 SNS를 통해 한국어를 번역하고 한국 문화를 소개하기도 하고 다양한 커버 댄스나 콘텐츠를 재가공해 더 많은 사람이 한국 문화를 접하게 돕습니다.

한류 팬들은 서로 다른 종교, 언어, 사회적 배경을 갖고 있지만 '한류'라는 공통의 관심사를 통해 소통하고 공감대를 형성합니다. 이러한 한류 팬들의 활동은 단순한 팬덤을 넘어 사회적 문제에 대한 관심과 참여로 이어지며 이를 통해 사회적 이슈에 목소리를 내기도 합니다. BTS 팬들은 'Black Lives Matter' 운동을 지지하며 인종 차별 문제에 대한 메시지를 전달하기도 했습니다. 또한 한국의 문화를 통해 서로의 문화를 이해하고 다양한 배경을 가진 사람들과 소통하며 긍정적인 변화를 나눕니다. 이러한 공동체의 연대로 문화 교류의 기회가 만들어지고 있으며, 이를 통해 각자 나라는 다르지만 서로를 더 잘 이해하고 공감할 수 있습니다.

한류의 인기가 커지는 만큼 문화 교류 방식에 대해서도 고민할 필요가 있습니다. 정부가 중심이 된 기계적인 문화 교류가 아니라 다양한 사람들이 자발적으로 관심을 갖고 이를 나누는 방식으로 진행되어야 합니다. 한류의 영향이 점점 커지고 있는 지금, 한국인으로서 어떻게 하면 다른 문화를 존중하고 교류하면서 이를 통해 더 나은 세상을 만들 수 있을지 고민하고 노력하면 좋겠습니다.

답

1문단: 발전을 위한 필수 요소인 문화 교류　　　2문단: 상호 이해와 존중을 증진하는 문화 교류
3문단: 다양한 문화 융합의 창의적인 결과물　　　4문단: 전통을 소중히 하는 균형 있는 문화 창조

5장

교육

교내 스마트폰 사용 문제는 뜨거운 감자이다. 최근 국가인권위원회가 "중고등학교에서 학생들의 휴대전화를 일괄적으로 수거하는 것을 인권 침해로 볼 수 없다"라고 결정한 데 이어 정치권과 정부가 교내 스마트폰 사용 금지 법안 추진에 공감대를 이루며 교내 스마트폰 금지령이 급물살을 타고 있다. 그 결과, 2026학년도부터는 수업 중 스마트폰 사용이 원칙적으로 금지된다. 수업 중 스마트폰 사용에 대해 의견이 분분하다. 일선 교사들도 학생들의 스마트폰 사용이 이미 교육의 임계점을 넘어섰다고 주장한다. 반면 디지털 시대의 흐름에 따라 스마트폰 사용을 스스로 통제할 수 있는 역량을 기르는 교육을 해야 한다는 반론도 만만치 않다.

교내 스마트폰 사용을 반대하는 측에서는 학생들이 스마트폰에 지나치게 의존하고 있다는 점을 지적한다. 이들은 학생들이 스스로 스마트폰을 통제하기 어렵고 이러한 상황이 학교생활에도 부정적인 영향을 미친다고 말한다. 특히 스마트폰을 허용하면 수업 시간에 스마트폰을 사용하게 되어 집중력이 떨어지고, 과제 수행 시에도 스스로 문제를 해결하기보다 스마트폰에 의존하는 경향이 두드러진다고 강조한다. 이러한 문제는 학생들의 학습 능력을 저하시킬 뿐만 아니라 사회적 상호 작용에도 부정적인 영향을 미친다.

교내 스마트폰 사용을 찬성하는 측에서는 스마트폰 사용 자체의 문제가 아니라 이를 책임감 있게 사용하는 방법을 교육하는 것이 우

선이라고 주장한다. 스마트폰은 단순한 통신 도구가 아니라 사진 촬영, 인터넷 검색, SNS 등 다양한 기능을 갖춘 디지털 기기로, 미래 사회에서 필수품이라 할 수 있다. 학교는 학생들이 미래 사회에 대비할 수 있도록 스마트폰을 어떻게 활용해야 하는지를 교육하고, 그에 앞서 책임감과 윤리의식을 기르도록 돕는 것이 필요하다. 이들은 스마트폰을 통해 학생들이 쉽게 정보에 접근하고, 창의적인 기회를 제공받아야 한다고 강조한다. 또한 학생들이 긴급하게 연락하거나 정보를 얻어야 하는 일이 발생할 수 있으므로 스마트폰이 필요하다는 것이다.

스마트폰은 이미 분리하기 힘들 정도로 우리 삶에 깊이 뿌리내렸다. 교내에서 스마트폰 사용을 완전히 금지하는 것은 현실적으로 어려운 일이다. 스마트폰의 장점을 최대한 활용하면서도 단점을 인식해서 주의 깊게 사용해야 한다. 이를 위해서는 합리적인 기준이 필요하다. 수업 중에는 스마트폰 사용을 제한하되, 특정 과제나 프로젝트에서는 스마트폰을 활용할 수 있도록 하는 등의 학생들이 상황에 맞춰 스마트폰을 사용할 수 있도록 유연하게 적용할 필요가 있다.

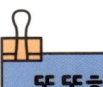

똑똑하게 분석해 봅시다

- 문단별로 핵심어를 찾아 동그라미 표시해 보세요.

- 각 문단의 중심 내용을 정리해 보세요.

  1문단 :

  2문단 :

  3문단 :

  4문단 :

자유롭게 생각해 봅시다

- 현재 학교에서 스마트폰을 자유롭게 사용하고 있나요? 교내 스마트폰 사용에 대해 찬성 또는 반대한다면 그 이유는 무엇인가요?

- 나의 스마트폰 사용 습관을 생각해 봅시다. 나는 스마트폰을 현명하게 사용하고 있다고 생각하나요? 어떻게 하면 스마트폰을 현명하게 사용할 수 있을까요?

분명하게 표현해 봅시다

- 학교에서 스마트폰을 사용하면서 있었던 긍정적인 경험과 부정적인 경험을 떠올려 보고 교내 스마트폰 사용에 대한 나의 생각을 정리해서 적어 봅시다.

최근 청소년들이 스마트폰을 과도하게 사용하는 것이 불안, 우울증, 정신 건강 문제와 관련이 있다는 연구 결과가 나왔습니다. 이에 학교에서 학생들의 스마트폰 사용을 제한해야 한다는 주장이 커지고 있습니다. 캘리포니아^{California} 주지사는 각 학군에 학교에서 학생들의 스마트폰 사용을 줄이도록 권장하는 서한을 보냈고 루이지애나^{Louisiana}주는 학교 내에서 모든 스마트폰과 스마트 워치를 사물함에 보관하거나 전원을 끄도록 하는 법안을 발효하는 등 현재 미국의 11개 주에서 학교 내 스마트폰 사용을 제한 또는 금지하는 법이 제정되어 시행되고 있습니다. 전국에서 가장 큰 교육구를 가진 뉴욕주도 비슷한 법안을 논의하고 있습니다.

교내에서 스마트폰을 사용하지 못하는 지역이 많아지는 이유는 학생들이 수업 시간에 소셜 미디어를 이용하면서 집중력이 흐트러져 학습에 방해가 되기 때문입니다. 친구의 사진을 몰래 찍거나 불법적인 동영상을 만드는 문제를 예방하기 위한 목적도 있습니다.

뉴욕타임즈는 "학교에서는 스마트폰이 큰 문제로 나타났다"라면서 "각 주에서 학생들의 스마트폰 사용 금지에 경쟁적으로 나서고 있다"라고 보도했습니다. 많은 학부모와 교사도 교내 스마트폰 사용 금지 및 제한에 찬성하고 있지만, 학교 내 총기 사고가 발생할 수 있는 긴급 상황에서 스마트폰이 없는 것에 대해서 걱정하는 학부모도 있습니다. 미국 전역에서 스마트폰 사용이 제한되고 있는 이유가 무엇인지 생각해 보고, 스마트폰 사용을 어떻게 하면 좋을지도 함께 생각해 보면 좋겠습니다.

답

1문단: 교내 스마트폰 사용에 대한 논란   2문단: 교내 스마트폰 사용에 대해 반대하는 입장

3문단: 교내 스마트폰 사용에 대해 찬성하는 입장   4문단: 교내 스마트폰 사용에 대한 자세

공부와 여가 시간의 균형을 어떻게 맞출 수 있을까?

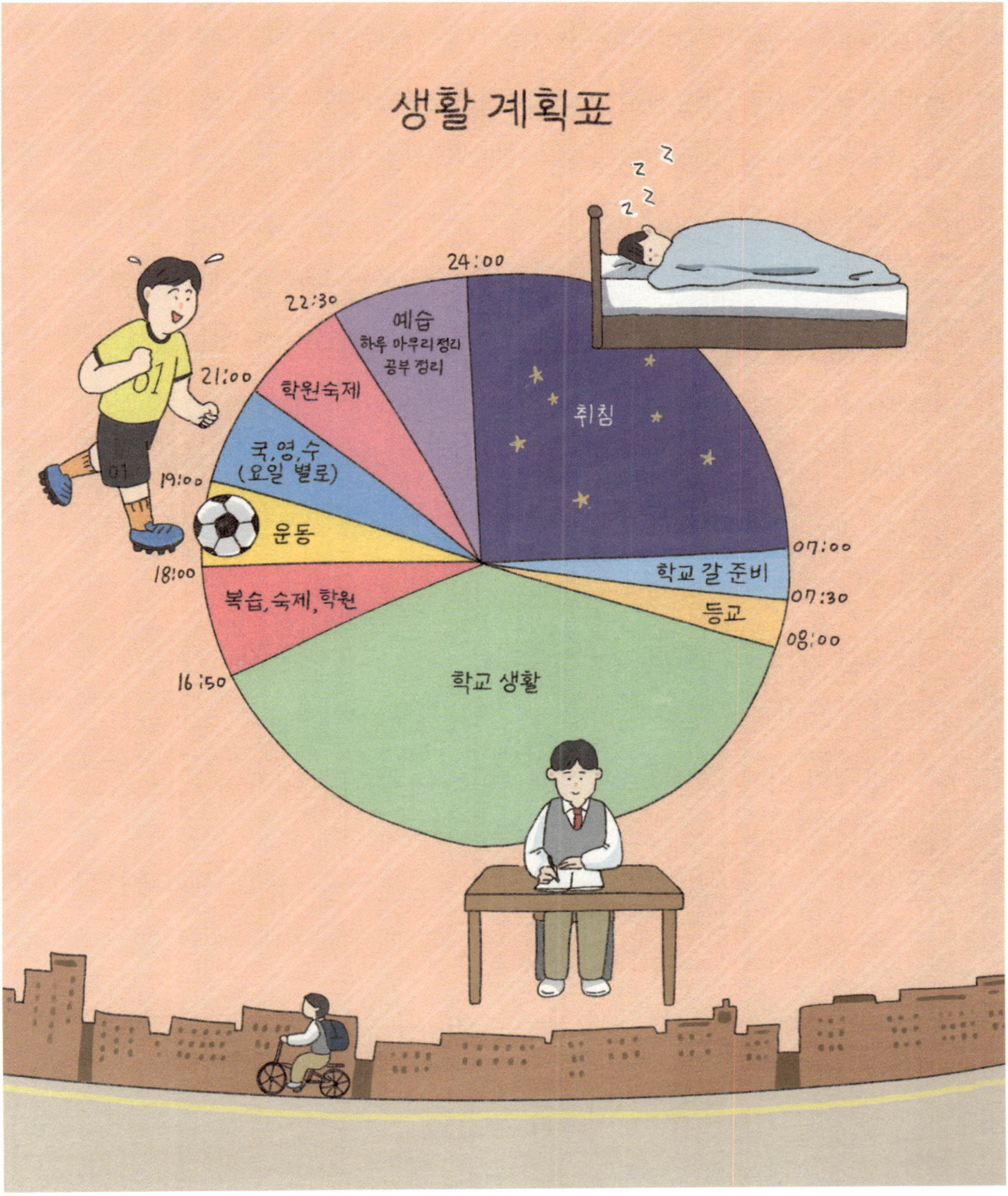

생활 계획표

공부를 잘하려면 열심히 공부하는 것도 중요하지만 잘 쉬는 것이 더욱 중요하다. 적절한 휴식은 공부를 효율적으로 할 수 있게 돕는다. 학교에 쉬는 시간이 있는 이유도 마찬가지다. 초등학교는 40분 수업 후 10분, 중학교는 45분 수업 후 10분, 고등학교는 50분 수업 후 10분의 쉬는 시간을 제공한다. 그 나이대 아이들의 집중시간을 고려한 것이다. 연령대에 따라 집중할 수 있는 시간이 조금씩 늘어나고, 이후에 10분가량 쉬는 것이 학업 역량을 높이는 데 효율적이기에 이렇게 정한 것이다. 이렇게 학습 시간과 여가 시간의 균형을 맞추는 것은 매우 중요하다. 학업에 전념하는 시간만큼 여가 시간을 마련해 스트레스를 해소하고 정서적인 안정을 찾는 것은 필수적이다.

최근 초록우산어린이재단 조사에 따르면 초중고교생의 65.1%가 권장 시간 이상으로 공부하고 있으며, 여가 시간에 친구나 가족과 함께 시간을 보내기보다 집에서 혼자 스마트폰으로 영상을 보는 비율은 60.8%에 달한다고 한다. 이러한 현상은 학습 효율성과 정서 안정의 측면에서 부정적인 영향을 미칠 수 있다. 공부하는 시간이 길어질수록 집중력이 떨어지고 정보의 흡수율이 낮아져 시간 대비 원하는 성과를 얻기 힘들다. 여가 시간에 스마트폰으로 영상을 보는 것도 마찬가지다. 스마트폰으로 보는 영상들은 주로 즉각적인 자극을 제공하는 것이 대부분이다. 이런 자극에 익숙해지면 천천히 생각하고 고민해야 하는, 깊이 있는 사고를 요구하는 활동에 집중하기 어렵다.

각자에게 맞는 공부 시간과 여가 시간을 균형 있게 계획해야 한다. 먼저 하루의 일정을 계획할 때 얼마나 공부할 것인지 정해야 한다. 30분에서 50분 사이의 시간이면 적절하다. 이때 공부할 과목과 분량을 미리 정해두고 정해진 시간 안에 끝내야 한다. 쉬는 시간은 10~15분 정도가 적절한데, 스마트폰의 영상을 보거나 게임을 하기보다 가벼운 스트레칭이나 좋아하는 음악을 들으며 심신을 안정시키는 것이 더 좋다. 주말이나 방학 때는 특정 과목에 집중해 긴 시간 공부하거나 지난 시간에 배운 내용을 복습하는 시간을 갖는 것도 효율적이다. 여가 시간에는 친구와 만나거나 운동, 독서 등의 다양한 활동을 통해 학습의 효율성을 높이고 스트레스를 줄여야 한다.

공부 시간과 여가 시간의 균형을 잡는 것은 학업 성취와 정서 안정에 큰 도움이 된다. 계획을 세우기 어렵다면 스터디 플래너나 스톱워치의 도움을 받는 것도 좋다. 그럼에도 혼자서 공부하기 어렵다면 여러 사람이 셀프 캠을 켜 놓고 서로 공부하는 모습을 보면서 자극을 받을 수 있는 사이트나 앱도 있으니 이를 적극 활용하면 도움이 된다. 무엇보다 중요한 것은 마음가짐이다. 스스로 목표를 설정하고 그 목표를 달성하기 위해 구체적인 계획을 세우면 학업 성취와 정서 안정이라는 두 마리 토끼를 잡을 수 있을 것이다.

- 문단별로 핵심어를 찾아 동그라미 표시해 보세요.

- 각 문단의 중심 내용을 정리해 보세요.

  1문단 :

  2문단 :

  3문단 :

  4문단 :

자유롭게 생각해 봅시다

- 공부를 열심히 하는 편인가요? 스스로가 생각했을 때 공부해야 하는 이유는 무엇인가요?

- 공부를 잘할 수 있는 현명한 방법은 무엇일까요? 자신이나 주변의 친구들이 공부하는 모습을 자세히 관찰하여 공부하는 방법에 관해 진지하게 고민해 봅시다.

분명하게 표현해 봅시다

- 공부 시간과 여가 시간 사이에 적절한 균형이 있어야 합니다. 나는 공부 시간과 여가 시간 사이에 적절한 균형을 갖추고 있는지 반성해 보고, 이에 대한 나의 생각을 정리해서 적어 봅시다.

공부를 잘하려면 학습 목표를 설정해야 합니다. 목표를 정하고 그에 따라 계획을 세워야 효율적으로 공부할 수 있습니다. 그러나 어떤 목표를 설정해야 할지, 목표를 어떻게 구체화해야 할지, 동기 부여는 어떻게 해야 할지 등 시작부터 막막한 경우가 많습니다.

학습 목표를 설정하려면 먼저 자신의 현재 실력과 약점을 파악해야 합니다. 과목별로 자신의 점수가 몇 점인지, 어떤 과목이 재미있고, 어떤 과목이 어려운지 등을 정리하며 현재 상태를 객관적으로 파악합니다. 영어 공부를 한다면 문법, 단어, 독해, 듣기 등의 영역별로 나눠서 꼼꼼하게 정리하며 확인합니다. 그 뒤 학습 목표를 설정하고 목표를 달성했을 때 얻을 수 있는 이점을 정리합니다. 정리한 내용을 구체화해서 "~까지 ~을 하겠다"와 같은 명확하고 달성 가능한 목표로 수정합니다. 기간은 되도록 길지 않고 내용은 구체적일수록 좋습니다.

학습 일정을 계획할 때는 주간 또는 월간으로 나누어 내용과 일정을 설정하고 목표를 달성하기까지 목표 기간을 정하고, 중간 단계와 마감날을 명확하게 정리합니다. 학습 목표는 여러 개를 만들고, 우선순위를 정해서 중요하거나 힘든 것부터 먼저 하는 것이 효율적입니다. 매일 학습 목표를 달성했는지 확인하고 진척 상황을 일주일 단위나 한 달 단위로 평가해야 합니다. 필요한 경우 계획이나 학습 목표를 수정하며 효율적으로 학습합니다. 처음에는 어려울 수 있지만 작은 성공이 쌓여야 큰 성과로 이어집니다. 매일 학습 목표를 성취하는 과정에서 실력이 향상되면 학습 과정이 즐거울 것입니다.

 답

1문단: **공부를 잘하기 위해 필요한 적절한 휴식**   2문단: **평균 학습 시간과 휴식 시간 활용 방법**
3문단: **효율적으로 공부하는 방법**   4문단: **공부와 휴식의 균형 유지**

우리는 정보를 습득하거나 소통하기 위해 인터넷을 검색하거나 유튜브를 활용하는 등 다양한 미디어를 사용한다. 이러한 미디어에는 양질의 정보부터 가짜 뉴스까지 다양한 정보가 존재하며, 미디어에 오랜 시간 노출될 경우 개인의 가치관이나 행동 변화에 영향을 미칠 수 있다. 그 영향은 긍정적이거나 부정적일 수도 있고 단기적이거나 장기적일 수도 있다.

특히 디지털 시대가 되어 SNS와 같은 플랫폼을 통해 개인이 쉽게 뉴스를 생산하고 유포할 수 있게 되면서 정보의 확산 속도가 급격하게 빨라졌다. 이와 동시에 정보의 질을 검증하는 능력도 중요해졌다. 다양한 미디어를 통해 전달되는 정보를 비판적으로 이해하고 분석하며, 이를 바탕으로 자신의 생각과 정보를 효과적으로 표현하고 공유하는 능력인 미디어 리터러시media literacy 교육이 그 어느 때보다 필요한 시점이다. '포노 사피엔스Phono Sapiens'라는 용어가 생길 정도로 디지털 미디어와 친숙한 청소년 세대이지만, 정보의 진위를 파악하고 그것을 비판적으로 분석하는 능력은 아직 부족하다.

핀란드 등 여러 국가에서는 미디어 리터러시 교육을 교과 과정에 포함하여 가르치고 있다. 미디어 리터러시 교육은 첫째로 학생들이 뉴스 기사를 분석하며 사실과 의견을 구분하는 능력을 키우고 뉴스, 광고, 소셜 미디어 콘텐츠를 분석해서 비판적으로 사고할 수 있도록 돕는다. 둘째, 학생들이 직접 뉴스를 작성하거나 영상을 제작하는 등의 경험을 통해 미디어의 작동 원리를 이해하게 한다. 이 과정에서 미디어 제작에 대한 윤리 교육이 함께 이루어져 학생들이 정보를 생성하는 과정에서 책임감을 갖도록 하는 것이다. 셋째, 다양한 정보를 수집하고 분석하여 편향된 시각에서 벗어나 균형 잡힌 정보를 소비하는 능력을 키워 학생들이 다양한 출처에서 정보를 찾아 종합적으로 평가하는 능력을 기르도록 돕는다. 이를 통해 다양한 정보 속에서 사실과 의견을 구별하고 이를 비판적으로 분석해 올바르게 활용하는 능력을 길러 사회 참여와 의사소통 역량을 높일 수 있을 것이다.

　　미래의 미디어 환경은 지금보다 더욱 복잡하고 변화의 속도도 빠를 것이다. 청소년이 성인이 되었을 때는 기존의 미디어 리터러시 능력을 넘어선 새로운 능력이 필요할지도 모른다. 이를 대비하기 위해서라도 정보를 소비하는 데 그치지 않고 다양한 미디어의 기술적인 변화와 제작 과정을 이해하고 이를 비판적으로 활용하는 단계까지 나아가야 한다. 어른들은 청소년이 안전하게 미디어를 사용할 수 있는 환경을 제공하고 비판적 사고를 길러 정보를 평가할 수 있는 환경을 마련해야 한다. 이러한 준비가 이루어진다면 청소년은 사회와 소통하며 책임감 있는 소비자로 성장할 수 있을 것이다.

똑똑하게 분석해 봅시다

- 문단별로 핵심어를 찾아 동그라미 표시해 보세요.

- 각 문단의 중심 내용을 정리해 보세요.

  1문단 :

  2문단 :

  3문단 :

  4문단 :

자유롭게 생각해 봅시다

- 주로 어떤 디지털 미디어를 사용하나요? 그 디지털 미디어는 나에게 어떤 영향을 미치나요?

- 미디어를 제대로 사용하기 위해서는 미디어 리터러시 교육이 필요합니다. 위에서 제시한 것 외에 미디어 리터러시를 키울 수 있는 다른 방법은 없을까요?

분명하게 표현해 봅시다

- 사람마다 다양한 생각과 의견이 있는 만큼 미디어를 보아도 다양한 생각과 의견이 존재합니다. 그중에는 자신의 주장을 강화하기 위해 교묘하게 진짜 뉴스와 가짜 뉴스를 섞거나 거짓 정보를 제공하기도 합니다. 수업 시간이나 활동을 할 때 미디어 리터러시 교육을 받은 경험을 떠올려 보고 나의 생각을 정리해서 적어 봅시다.

　　디지털 미디어가 발달하면서 우리의 뇌는 짧고 간단한 정보에 익숙해졌습니다. 시각 또는 감정적으로 즉각적이고 자극적인 미디어에 반복 노출될수록 뇌의 전두엽은 내성이 생겨 일상생활에서 흥미를 잃게 됩니다. 디지털 미디어가 발달할수록 팝콘이 터지듯 큰 자극만 추구하는 '팝콘 브레인 증상'이 나타날 수 있습니다. 팝콘 브레인 증상이 지속되면 일상에서 재미를 느끼지 못해 무기력감이나 우울, 불안 등의 감정 변화가 생기고 인지 기능이 감퇴합니다. 오랫동안 인터넷을 사용한 사람의 뇌를 MRI로 분석했더니 생각 중추를 담당하는 회백질의 크기가 줄어든 것으로 나타났습니다. 즉각적인 현상에만 반응하고 천천히 변화하는 현실에는 무감각해지는 것입니다. 이러한 팝콘 브레인 증상은 나이가 어릴수록 전두엽에 악영향을 끼칩니다.

　　멀티태스킹이 가능한 디지털 기기가 보급되면서 팝콘 브레인 증상이 확산되고 있습니다. 이를 예방하기 위해서 온·오프라인의 생활을 균형 있게 해야 합니다. 디지털 기기 사용 시간을 정해 두고 그 시간 외에는 가족이나 친구들과 이야기를 나누거나 취미, 운동 등의 활동을 하는 겁니다. 또 디지털 기기 사용 전후 운동을 하거나 책을 읽는 등 마음의 여유를 가지는 것도 필요합니다. 그러면 즉각적이거나 자극적인 미디어에 노출된 뇌가 쉴 시간을 마련할 수 있습니다. 특히 잠들기 30분 전에는 스마트폰을 사용하지 않아 뇌가 충분히 쉴 수 있는 환경을 마련해야 합니다.

　　디지털 미디어가 발달하는 사회에서 디지털 미디어를 사용하지 않을 수 없습니다. 그보다는 어떻게 하면 디지털 미디어에 중독되지 않으며, 디지털 미디어를 활용해 삶의 질을 향상시킬 수 있는지 함께 생각해 보면 좋겠습니다.

 답

1문단: **가치관과 행동에 영향을 미치는 미디어**　　2문단: **미디어 리터러시 교육이 필요한 이유**
3문단: **미디어 리터러시 교육의 효과**　　4문단: **미디어 리터러시 교육의 전망**

청소년기는 질풍노도의 시기라 불릴 만큼 다양한 심리적 변화와 복잡한 감정을 경험한다. 이 시기의 청소년은 생리적인 변화와 더불어 여러 가지 변화로 스트레스를 많이 받는다. 아직 발달하고 있는 청소년기의 뇌는 스트레스에 더욱 민감하게 반응하며 스트레스를 지속적으로 많이 받으면 성인에 비해 더 큰 뇌 기능 저하와 인지 능력 저하로 이어질 가능성이 높다. 교육부 통계에 따르면 우리나라 중고등학생의 42.3%가 평상시에도 스트레스를 느끼고 있는 것으로 나타났다. 이는 성인들의 스트레스 인지율이 39.7%인 것과 비교해도 상당히 높은 수치이다.

청소년들이 스트레스를 받는 원인은 다양하다. 학업 성적에 대한 압박, 부모와의 갈등, 외모에 대한 고민, 교우 관계, 가정 형편 등 다양한 요인이 스트레스의 원인이 될 수 있다. 특히 학업 스트레스는 가장 많은 학생이 겪는 문제로, 청소년 스트레스의 주된 원인이다. 입시 경쟁이 치열해지면서 중학생의 학업 스트레스는 때로 고등학생보다 더 높게 나타나기도 한다. 학업과 진로에 대한 스트레스는 학교생활에 적응하지 못하게 하거나 심지어 학업 중단으로 이어지는 경우도 있다. 이러한 상황이 지속되면 자존감 저하, 불안감, 우울감 등 정서적 문제까지 확대될 수 있다. 청소년기 이러한 스트레스는 몸과 마음, 행동 전반에 심각한 영향을 미칠 수 있어 조기 관리와 주변의 관심이 반드시 필요하다.

스트레스를 해결하기 위한 여러 방법 중 비교적 쉽게 할 수 있는 방법으로 운동 요법이 있다. 운동 요법은 전문가의 도움 없이 혼자서도 할 수 있어 스트레스를 해소하는 데 효과적이며 건강까지 챙길 수 있다는 장점이 있다. 운동은 심리적 압박감, 긴장감 등을 감소시키고 스트레스와 관련된 호르몬 및 신경 전달 물질의 조절을 도와 이완을 촉진한다. 운동의 종류로는 스트레칭, 유산소 운동, 근육 강화 등이 있다. 스트레스 해소를 위한 또 다른 방법은 식이 요법이다. 스트레스에 도움이 되는 음식을 먹음으로써 스트레스를 완화하는 것이다. 적당히 단 음식은 스트레스와 관련된 코르티코스테로이드corticosteroid 호르몬 분비를 억제하고, 육류나 우유는 행복한 감정을 유도하는 세로토닌을 생성한다. 스트레스를 받을 때는 비타민과 무기질이 많이 소모되므로 이들 영양소가 풍부한 음식을 섭취하는 것도 좋다. 스트레스를 받을 때 편안하게 숨을 쉬며 몸과 마음을 이완시키는 것도 스트레스를 줄이는 데 큰 도움이 된다.

　　청소년기의 스트레스는 피하기 어렵다. 그러나 스트레스를 어떻게 관리하고 해결하느냐에 따라 결과는 크게 달라질 수 있다. 자신에게 맞는 해소 방법을 찾아 스트레스를 효과적으로 다스린다면 보다 건강하고 행복한 청소년기를 보낼 수 있으며 정신적으로 성숙하고 균형 잡힌 성인으로 성장하는 밑거름이 될 것이다.

똑똑하게 분석해 봅시다

● 문단별로 핵심어를 찾아 동그라미 표시해 보세요.

● 각 문단의 중심 내용을 정리해 보세요.

1문단 :

2문단 :

3문단 :

4문단 :

자유롭게 생각해 봅시다

● 스트레스를 받는 일이 있나요? 청소년이 스트레스를 받는 이유는 무엇인가요?

● 나는 스트레스를 어떻게 푸는 편인가요? 스트레스를 줄이는 나만의 다른 방법은 없나요?

분명하게 표현해 봅시다

● 스트레스를 받지 않는 청소년은 없을 겁니다. 그 스트레스를 어떻게 건강하게 푸는지가 중요합니다. 청소년기 스트레스에 대한 나의 생각을 정리해서 적어 봅시다.

현대 사회는 다양한 형태의 스트레스에 노출되어 있습니다. 스트레스를 받으면 교감 신경계가 활성화되어 심박수와 혈압이 상승합니다. 스트레스가 장기화되면 신체 에너지가 고갈되어 건강 문제가 생길 수 있습니다.

사람들은 스트레스 상황에서 다양한 방어 기제를 사용합니다. 방어 기제는 스트레스, 불안, 갈등 등으로부터 자신을 보호하기 위해 사용하는 무의식적 심리 전략으로 정신 건강 유지에 중요한 역할을 합니다. 이는 모든 사람에게 나타날 수 있는 정상적인 심리적 과정이며, 상황에 따라 긍정적이거나 부정적인 영향을 미칠 수 있습니다.

대표적인 방어 기제로는 억압, 부인, 투사, 합리화, 퇴행, 전위 등이 있습니다. 억압은 고통스러운 기억이나 감정을 무의식적으로 억누르는 것이고, 부인은 현실의 고통을 인정하지 않거나 무시하는 것입니다. 투사는 자신의 부정적인 감정이나 특성을 다른 사람에게 전가하는 것이며, 합리화는 비합리적이거나 부끄러운 행동을 논리적이고 사회적으로 설명하려는 것입니다. 퇴행은 스트레스 상황에서 이전의 발달 단계로 되돌아가는 것이며, 전위는 스트레스의 원인 대신 다른 대상에게 감정을 표출하는 것입니다. 이외에도 승화, 반동 형성 등이 있습니다.

방어 기제는 스트레스와 불안을 관리하고 심리적 안정을 유지하는 데 중요합니다. 그러나 방어 기제가 지나치게 사용되거나 현실을 왜곡하면 정신 건강에 부정적인 영향을 미칠 수 있습니다. 방어 기제에 대해서 제대로 알고 스트레스를 받을 때 상황에 맞는 적절한 방어 기제를 사용해서 건강한 청소년으로 자라면 좋겠습니다.

 답

1문단: **스트레스를 많이 받는 청소년기** 2문단: **청소년들이 스트레스를 받는 원인**
3문단: **스트레스를 해소하기 위한 다양한 방법** 4문단: **건강한 청소년기를 위한 스트레스 해소**

4차 산업 혁명은
교육에 어떤 변화를 가져올까?

4차 산업 혁명은 단순히 경제와 산업, 직업의 변화를 넘어 교육 분야에도 큰 영향을 미치고 있다. 사물 인터넷IoT, 빅 데이터, 증강 현실AR, 가상 현실VR, 인공 지능AI 등 혁신적인 기술들은 교육 현장과 교수 학습법에 큰 변화를 가져와 이른바 '에듀테크EduTech'라는 새로운 패러다임을 형성했다. 에듀테크는 교육Education과 기술Technology의 결합으로, 전통적인 종이와 연필, 교실 중심의 교육 방식에서 벗어나 혁신적인 정보 통신 기술을 활용한 새로운 학습 환경을 창출한다.

21세기의 현대 교육은 중세 시대 교육과 다르다. 마찬가지로 4차 산업 혁명 시대의 미래 교육 또한 모든 면에서 지금과 전혀 다른 양상으로 발전할 것이다. 특히 인공 지능의 도입은 교육의 전반에서 점점 더 중요한 역할을 하게 될 전망이다. 인공 지능이 교육에 도입되면 이를 활용해 학생 개별 학습 진단이 가능하며 학생 개개인의 학습 요구와 성향을 분석해 맞춤형 교육 콘텐츠를 제시할 수 있다. 이러한 방식은 학생들이 자신의 학습 속도에 맞춰 학습할 수 있도록 돕고 필요할 경우 즉각적인 피드백을 제공해 학습의 효율성을 크게 높인다. 또한 인공 지능은 가정에서도 학습 지도가 가능해 언제 어디서든 학생들이 끊김 없이 학습할 수 있는 환경을 조성하는 데 기여한다.

미래의 교실과 학교는 우리가 알고 있던 전통적인 형태에서 크게 변화할 것이다. 과거의 교실은 학생들이 한 공간에 모여 교사에게 지식을 배우는 물리적 공간이었지만 4차 산업 혁명 시대에는 그 개념이 확장된다. 모든 것이 연결되는 초연결 사회가 되면 장소나 시간에 구애받지 않고 학습할 수 있다. 학교에 직접 가지 않고도 온라인을 통해 수업을 받고 다양한 플랫폼을 통해 지식을 습득할 수 있다. 특정 분야의 전문가가 진행하는 강의를 듣거나 해외 교육 기관의 프로그램에 참여하는 것이 가능해지므로 세계화 시대에 맞는 시각도 넓힐 수 있다. 온라인 학습 환경에서는 각자 학습 스타일에 맞춘 맞춤형 학습을 제공하기 때문에 자신의 속도에 맞춰 자료를 선택하고 원하는 시간에 공부할 수 있어 학습의 효율성과 몰입도가 한층 높아진다.

4차 산업 혁명은 교육의 본질과 방향성을 재정립하는 중요한 계기가 될 것이다. 미래 교육의 모습을 아직 명확하게 예측하기는 어렵지만 기술과 교육이 융합됨에 따라 각자의 학습 스타일과 필요에 맞춘 맞춤형 교육이 점차 보편화될 전망이다. 이를 효과적으로 실현하기 위해서는 학생 스스로 주도적으로 지식과 기술을 탐구하고 습득하는 태도가 필요하다. 호기심을 가지고 다양한 학습 자료를 탐색하고 새로운 기술을 적극적으로 활용하는 등의 자기 주도적 태도는 여전히 미래 교육의 핵심 경쟁력이 될 것이다.

똑똑하게 분석해 봅시다

- 문단별로 핵심어를 찾아 동그라미 표시해 보세요.

- 각 문단의 중심 내용을 정리해 보세요.

  1문단 :

  2문단 :

  3문단 :

  4문단 :

자유롭게 생각해 봅시다

- 학교나 다른 교육 기관에서 공부를 할 때 에듀테크를 자주 사용하는 편인가요? 에듀테크에 대해서 찬성 또는 반대한다면 그 이유는 무엇인가요?

- 현재 교육은 과거에는 생각하지 못할 만큼 빠르게 변화하고 있습니다. 미래 교육은 어떻게 될지 상상해 볼까요?

분명하게 표현해 봅시다

- 과학 기술이 급속도로 발달함에 따라 교육에서도 과학 기술을 접목하려는 시도가 많아지고 있습니다. 이러한 시도는 미래 교육의 모습을 바꿀 것이라 예상됩니다. 에듀테크와 미래 교육에 대한 나의 생각을 정리해서 적어 봅시다.

최근 '연결'이라는 단어가 강조되고 있습니다. 초고속 통신망과 정보 통신 기술의 발전으로 사람과 사람뿐만 아니라 모든 사물의 연결을 추구하는 '초연결 시대'가 열렸기 때문입니다. 이러한 기술적 발전은 사회의 다양한 영역에서 시공간의 제약을 크게 줄였습니다. 특히 코로나19로 인한 물리적 접촉의 제한은 온라인 연결 기술이 교육 분야에서 혁신을 이끌었습니다. 그러나 교육 전문가들은 '연결'의 개념이 단순히 물리·기능적 측면에 국한되어서는 안 된다고 강조합니다. 디지털 혁신에만 초점을 맞추면 교육의 본질이 왜곡될 수 있으며 미래 교육은 '공유 지식'과 공동의 미래 사회 구축에 기여해야 하기 때문입니다.

　　미래 교육은 전인적인 인간의 성장, 잠재력 발현, 공동의 미래 사회 구축에 중점을 두어야 합니다. '호모 커넥티드투스'라는 신조어는 사람과 세계 사이의 초연결성을 나타내며, 이는 단순한 기술적 용어가 아니라 미래 세대의 정체성을 상징합니다. 이러한 맥락에서 미래 교육은 단순한 지식 전달을 넘어 학생들이 서로 연결되고 협력할 수 있는 장을 제공해야 합니다. 기술이 발전에 따라 다양한 관점을 공유하고 공동의 문제를 해결하는 능력을 키우는 훈련이 필요합니다.

　　지속 가능한 사회를 위해서 교육은 기술 지식 전달에 그치지 않고 윤리적 가치와 사회적 책임을 강조하는 방향으로 변화해야 합니다. 이를 통해 자신의 행동이 지구와 인류에 미치는 영향을 이해하게 될 것입니다. 이러한 과정에서 교육은 미래 세대가 건강하고 조화로운 세계를 만드는 데 기여할 것입니다.

답

1문단: 교육과 기술의 결합인 에듀테크　　　　2문단: 인공 지능으로 가능해진 맞춤형 교육
3문단: 온라인 학습 중심의 미래 교실　　　　4문단: 자기 주도적 학습 태도가 중요한 미래 교육

인간은 사회적 존재이다. 우리의 삶은 다른 사람들과의 관계 속에서 형성되는데, 이러한 관계는 의사소통을 통해 구체화된다. 특히 청소년기는 정체성을 확립하고 사회적 기술을 발전시키는 시기이다. 이 시기에는 무엇보다 또래와의 우정이 중요하다. 또래 집단을 통해 취미나 관심사, 태도 등을 공유하고 비슷한 눈높이로 상황과 감정을 공감할 수 있기 때문이다. 또래 집단은 청소년기 사회적 발달의 중요한 무대이자 정체성을 느낄 수 있게 돕는 존재이다. 때로는 가족보다 소중한 존재가 되기도 한다. 그렇기 때문에 또래 집단에 속하는 것을 매우 중요하게 생각하며, 만약 그렇지 못할 경우 소외감을 느끼거나 스트레스를 겪을 수 있다. 청소년 시기에 또래 집단에서 배제되는 아픔을 겪는 아이들은 마음에 큰 상처가 남는다.

청소년기의 특이한 점 중 하나는, 또래 집단을 중요하게 여기면서도 인간관계에서 자주 변덕을 부린다는 것이다. 아이들은 중학생이 되면서 서로 관심사가 달라지는 경우가 많다. 초등학교 때 사이좋게 지냈다 해도 서로 다른 것에 관심을 가지게 되면 관심사를 공유하고 공감할 수 있는 다른 친구들과 새롭게 어울리는 경우가 대부분이다. 변덕스러워 보이지만 청소년기에 이러한 과정을 거쳐야 어른이 되어서 자신과 맞는 관계를 찾을 수 있다.

연구에 따르면 중학교 시절 만들었던 친구의 약 1%만이 고등학교 때까지 지속된다고 한다. 사람은 성장하고 변화하기 때문에 환경이나 여러 요인이 변하면 오래된 친구를 잃기도 하고 새로운 친구를 만나 더 행복할 수도 있다. 친구를 사귀는 데 있어서 중요한 것은 시간이 아니라 상대방과의 상호 작용이다. 함께한 시간이 많다고 해서 무조건 진정한 친구가 되는 것은 아니다. 함께한 시간이 짧아도 진심으로 기쁨과 슬픔을 함께 나누고 어려운 일이 있을 때 지지해 주는 것이 진정한 친구라 할 수 있다.

청소년기에 또래 친구들을 두루 사귀는 것도 좋지만 반드시 많은 친구를 사귈 필요는 없다. 진심으로 마음이 통하는 친구가 한 명이라도 있다면 그것으로 충분하다. 그 관계를 통해 삶이 더 행복하고 만족스러우면 된다. 프랑스의 문학가 로맹 롤랑Romain Rolland은 "무수한 사람들 가운데는 나와 뜻을 같이할 사람들이 한둘은 있을 것이다. 그것으로 충분하다. 공기를 호흡하는 데는 들창문 하나로도 족하다"라고 했다. 청소년 시기에 또래 집단이 필요한 것은 맞지만 그렇다고 또래 집단에 너무 목을 맬 필요는 없다.

똑똑하게 분석해 봅시다

- 문단별로 핵심어를 찾아 동그라미 표시해 보세요.

- 각 문단의 중심 내용을 정리해 보세요.

  1문단 :

  2문단 :

  3문단 :

  4문단 :

자유롭게 생각해 봅시다

- 교실을 둘러보면 많은 청소년기 또래 문화의 모습을 살펴볼 수 있습니다. 청소년기 또래 문화의 특징을 정리해 볼까요?

- 나는 친구가 많은 편인가요, 적은 편인가요? 진정한 친구라고 말할 수 있는 친구가 있나요? 친구를 사귀는 –만의 방법은 무엇인가요?

분명하게 표현해 봅시다

- 청소년기의 특징에 대해서 관찰해 보고, 그러한 특징이 또래 문화에 어떻게 드러나는지 생각해서 청소년과 또래 집단에 대한 나의 생각을 정리해서 적어 봅시다.

사회 집단이 되기 위해서는 2인 이상이 소속감을 가지고 지속적으로 상호 작용을 해야 합니다. 사회 집단은 집단을 형성하는 의도에 따라 공동 사회와 이익 사회로 구분합니다.

공동 사회는 의지나 의도와 무관하게 자연스럽게 형성된 집단입니다. 대표적인 공동 사회가 가족입니다. 자연스럽게 친구가 되는 또래 집단도 공동 사회라 볼 수 있습니다. 공동 사회는 만남 그 자체가 목적이며 구성원 간에 깊은 인간관계를 형성합니다. 공동 사회에서는 잘못해도 법적인 처벌 없이 비공식적인 제재가 이루어지기도 합니다. 이익 사회는 특정한 목적을 위해 의도적으로 형성된 집단입니다. 학교에서 학생과 선생님이 교육을 목적으로 만나는 것이 이익 사회라 할 수 있습니다. 이익 사회는 구성원 간의 관계가 더 형식적이고 부분적입니다. 이익 사회에서는 죄를 지으면 법적인 처벌이 따르기도 합니다.

또래 집단은 비슷한 나이와 관심사를 가진 사람들로 구성된 사회 집단으로 자연스럽게 형성되며 주로 학교나 같은 지역 사회에서 이루어집니다. 목적 없이 자연스럽게 만들어지므로 공동 사회에 해당합니다. 또래 집단에 속해 있는 친구들은 서로의 감정을 공유하고 일상적인 경험을 나누며 서로의 감정을 이해하고 지지하는 데 큰 역할을 합니다. 또래 집단이 건강하기 위해서는 서로의 다름을 존중하고 다양한 의견을 수용하고 서로의 목표를 응원해야 합니다. 또래 집단 내에서 갈등이 발생하더라도 서로의 감정을 존중하며 솔직한 대화를 통해 문제를 해결합니다. 또래 집단에서 배우는 다양한 경험은 사회 구성원으로 발전하는 데 큰 도움이 될 것입니다.

 답

1문단: 청소년기 또래 집단의 중요성   2문단: 관심사의 변화에 따른 친구 관계
3문단: 친구 관계의 지속성   4문단: 진정한 친구의 가치

학교에서의 교복 착용, 꼭 필요한가?

교복은 학교에서 학생들이 입도록 정한 제복이다. 교복을 언제부터 입었는지에 대해선 여러 견해가 있다. 나폴레옹이 유사시를 대비해 학생들에게 군사 훈련을 시키면서 입혔던 통일된 복장을 최초의 교복으로 보는 견해도 있고, 영국의 이튼 칼리지를 시초로 대부분의 사립 학교에서 교복을 채택하게 되었다고 보는 견해도 있다. 한국에서는 대략 1800년대 이화학당과 배재학당에서 최초로 교복을 착용했다. 1983년 교복 자율화 조치가 발표되어 학생들은 사복을 입었으나 청소년들의 탈선, 학생 지도의 어려움 등으로 1986년에 교복이 다시 부활했다. 이러한 교복의 착용에 대해 여전히 찬성과 반대의 의견이 팽팽하다.

교복 착용을 찬성하는 측에서는 교복은 학생들 간의 평등을 촉진한다고 주장한다. 다양한 배경을 가진 학생들이 모인 학교에서 교복을 입으면 서로의 옷차림에 대해 비교하거나 경쟁할 필요가 없어 학교 내에서 따돌림이나 차별을 줄일 수 있다. 같은 교복을 입고 학교에 다니면 공동체로서의 정체성을 느낄 수 있으며, 학교에 소속감을 느끼는 데에 도움도 준다. 또한 매일 아침 어떤 옷을 입을지 고민하는 시간을 줄여 학생들에게 시간과 에너지를 절약할 수 있게 한다. 이렇게 절약된 시간은 학업에 더욱 집중할 수 있도록 돕는다.

그러나 교복 착용에 대해 반대 의견도 존재한다. 많은 사람이 교복이 학생들의 개성과 자아 표현을 제한한다고 주장한다. 청소년기는 자신의 스타일과 취향을 탐색하고 표현하는 중요한 시기이다. 이 시기에 획일적인 복장의 교복을 착용하면 자신만의 감각을 드러낼 기회를 잃고 자아 정체성 형성에 부정적인 영향을 미칠 수 있다. 체형이나 신체적 특성이 다른 학생들이 같은 디자인의 교복을 입으면 불편하게 느낄 수 있다. 교복을 구매하는 데 드는 비용도 무시할 수 없다. 여러 벌의 교복을 구매하는 경우, 경제적으로 어려운 가정에서는 부담이 될 수 있다. 결과적으로 이런 부담은 학생들에게 스트레스를 유발할 수 있다.

교복 착용 여부는 단순한 선택이 아니라 학생들의 원만한 학교생활과 정체성 형성에 큰 영향을 미치는 문제이기 때문에 신중하게 고려해야 한다. 교복 착용의 장점과 단점을 균형 있게 분석하여 학생들이 보다 나은 환경에서 성장할 수 있도록 하는 방안을 모색해야 한다. 교복이 학생들에게 긍정적인 영향을 미칠 수 있는 방법을 찾는 동시에, 그로 인해 발생할 수 있는 문제점을 해결하기 위한 노력이 필요하다. 이렇게 다양한 측면을 신중하게 접근해야 학생들이 전인격적으로 성장할 수 있는 환경을 조성하고 학교생활의 질을 높일 수 있을 것이다.

똑똑하게 분석해 봅시다

- 문단별로 핵심어를 찾아 동그라미 표시해 보세요.

- 각 문단의 중심 내용을 정리해 보세요.

    1문단 :

    2문단 :

    3문단 :

    4문단 :

자유롭게 생각해 봅시다

- 내가 다니는 학교는 교복 착용에 대해서 어떤 분위기인가요? 교복 착용에 대해서 찬성 또는 반대한다면 그 이유는 무엇인가요?

- 현재는 대부분의 학교가 교복 착용을 의무화하고 있습니다. 그런데 만일 교복 자율화가 이루어진다면 학교에 어떤 옷차림으로 가는 것이 좋을까요?

분명하게 표현해 봅시다

- 교복을 착용했을 때의 장단점을 생각해 보고 교복 착용에 대한 나의 생각을 정리해서 적어 봅시다.

확장해서 읽어 봅시다

 1983년 중고등학생들이 자유롭고 간편한 복장으로 학교생활을 할 수 있도록 두발 자율화와 함께 교복 자율화가 시행되었습니다. 교복 자율화 이전 전국의 모든 중고등학교가 동일한 디자인의 교복을 입었습니다. 그러나 학생 개개인의 개성과 자율성을 무시한다는 지적과 일제의 잔재를 청산한다는 목적으로 1982년에 한 주에 한 번 사복을 입을 수 있도록 조치하였다가 1983년에 완전 자율화를 시행했습니다.

 교복 자율화는 개성과 다양성 존중, 책임 의식 등 교육적인 효과가 있었으나, 유해 환경 노출로 인한 탈선 증가, 생활 지도의 어려움, 빈부 격차로 인한 위화감 조성, 사복 구입으로 인한 가계 부담 증가 등의 여론으로 시행 3년 뒤인 1986년 3월부터 교복이 부활했습니다. 교복 선택을 학교장 재량에 따르도록 했는데 1993년 이후 대부분의 학교에서 교복 착용이 일반화되었고, 1990년대 후반에는 90% 이상이 교복을 착용했습니다. 이러한 추세는 2000년대까지 유지되었다가 2010년 이후 교복을 폐지하는 학교가 늘어나서 교복 착용률이 점차 줄고 있습니다. 하지만 그럼에도 여전히 1991년 수준을 넘는 수치를 유지하고 있습니다.

 그러나 교복이 부활했다고 해서 학부모들의 부담이 경감된 것은 아닙니다. 교복 디자인이 통일되었던 1970년대와 달리 학교별로 교복 디자인이 달라 전학을 갈 때마다 따로 맞춰야 해서 교복값에 대한 부담이 생겼고 비싸게 책정되는 교복값에 대한 불만이 큽니다. 이런 이유로 2000년대에는 다시 교복을 폐지하자는 여론이 커지기도 했습니다.

답

1문단: 교복 착용의 역사와 착용 의두   2문단: 교복 착용에 대한 찬성

3문단: 교복 착용에 대한 반대   4문단: 교복 문제의 균형적 접근 필요

청소년을 대상으로 한 설문 조사에서 청소년 5명 중 1명은 연애 경험이 있으며, 처음 이성 교제를 시작한 시기는 주로 초등학생 때인 것으로 나타났다. 또 청소년의 45%는 부모님이 이성 교제를 반대할 것 같아 연애 사실을 숨기고 있다고 응답했다. 이성 교제에 대해 청소년들은 전반적으로 찬성하는 태도를 보이고 있으며, 학업에 방해가 되기보다 함께 공부하며 시너지 효과를 낼 수 있다고 생각했다. 다만 다양한 감정을 경험하게 되면서 감정 소모가 크다는 것을 단점으로 지적했다.

청소년의 이성 교제는 더 이상 낯선 모습이 아니다. 길거리에서 교복을 입은 학생들이 손을 잡고 데이트를 즐기는 모습을 쉽게 볼 수 있다. 사춘기에 이성에 대한 관심이 생기는 것은 자연스러운 과정이다. 물론 이성 교제를 하기 위해서 이성에 대한 이해는 꼭 필요하다. 이성 교제는 나와 특징이 다른 사람과 관계에서의 책임감과 예절을 배우는 좋은 기회이다. 이러한 경험은 성인이 되었을 때 긍정적인 영향을 미쳐서 보다 건강한 인간관계를 만드는 데 큰 도움이 된다. 게다가 자신을 진심으로 사랑해 주는 존재가 있다는 사실은 자존감을 높이고 감정적인 지지를 더욱 확고하게 만들어 준다.

그러나 이성 교제에 긍정적인 면만 존재하는 것은 아니다. 이성 교제의 가장 큰 단점 중 하나는 학업에 방해가 될 수 있다는 점이다. 연애에 많은 시간을 할애하다 보면 학업에 집중하기 어려워질 수 있다.

또 감정을 조절하는 것이 서툴러 서로에게 상처를 주거나 좋지 않은 기억을 남길 수 있다. 특히 같은 학교나 학급에서 사귀었던 경우, 헤어진 뒤 둘 중 한 사람이 소외되거나 고립될 가능성도 높다. 이러한 면들은 청소년들이 이성 교제를 할 때 신중하게 고려해야 할 요소들이다.

청소년의 이성 교제는 일반화되고 있으며 단순한 연애 경험을 넘어서 자신의 감정과 상대방에 대한 이해, 책임감을 배우는 중요한 경험이 될 수 있다. 그러나 이점만큼이나 부정적인 영향이 존재한다는 사실도 잊지 말아야 한다. 청소년은 이성 교제를 시작하기 전에 자신의 목표와 우선순위를 분명히 해서 감정과 학업 사이의 균형을 맞추고, 서로의 감정과 경계를 존중하는 태도가 필요하다. 또 부모님이나 신뢰할 수 있는 어른과의 대화를 통해 조언과 지도를 받는 것도 좋은 방법이다. 이러한 점들을 유념해 교제를 한다면 다른 사람들과 건강한 관계 형성하고 감정을 잘 조절하는 성숙한 인격체로 성장할 수 있을 것이다.

- 문단별로 핵심어를 찾아 동그라미 표시해 보세요.

- 각 문단의 중심 내용을 정리해 보세요.

  1문단 :

  2문단 :

  3문단 :

  4문단 :

- 이성 교제를 해 본 적이 있나요? 청소년기 이성 교제에 대해 찬성 또는 반대한다면 그 이유는 무엇인가요?

- 이성 교제를 하는 청소년들도 있지만 한 번도 사귀어보지 않은 청소년도 꽤 있습니다. 이에 대해서 어떻게 생각하나요?

- 자신이나 주변에서 이성 교제를 하는 것이 나에게 어떤 생각을 갖게 했는지 생각해 보고, 청소년기 이성 교제에 대한 나의 생각을 정리해서 적어 봅시다.

이성 교제는 성장하는 과정에서 겪는 자연스러운 경험 중 하나입니다. 중학생 시기는 신체적, 정서적으로 많은 변화가 일어나고 이성에 대한 호기심과 관심이 커지면서 감정 상태가 복잡해집니다. 복잡한 감정이 생기는 것은 정상이지만 그 감정이 항상 긍정적인 것만은 아닙니다. 상대방에 대한 감정이 깊어질수록 그에 따른 책임감도 커지므로 자신의 감정에 대해 신중할 필요가 있습니다. 이성 교제를 하다 보면 서로의 마음을 이해하고 배려하기 위해 노력하더라도 때로 자신이 원하지 않는 방향으로 상황이 흘러가기도 합니다. 이때는 자신의 감정만을 강조할 것이 아니라 상대의 감정을 존중하며 서로의 입장을 이해하는 것이 필요합니다. 감정 변화는 자연스러운 것이지만 잘 관리하지 않으면 갈등이나 오해가 생길 수 있으므로 감정을 솔직하게 표현하고 대화해야 합니다.

도움이 필요하다면 부모님이나 선생님과 같은 믿을 수 있는 어른에게 도움을 요청하는 것도 좋습니다. 청소년들이 겪고 있는 감정을 이해하고 올바른 방향으로 나아갈 수 있도록 도와줄 수 있는 경험과 지혜가 있는 어른들의 조언을 통해 성숙한 결정을 내릴 수 있으며 감정적으로도 안정된 상태를 유지할 수 있기 때문입니다.

이성 교제를 한다면 매사 신중함을 잃지 않아야 합니다. 현재 내가 한 선택이 미래에 미치는 영향은 생각보다 큰 수 있다는 것을 반드시 기억해야 합니다. 상대방의 감정을 고려해 책임감 있는 선택을 하는 것이 건강한 이성 교제입니다.

답

1문단: 청소년 이성 교제에 대한 설문 조사 결과   2문단: 이성 교제에 대한 긍정적인 면
3문단: 이성 교제의 부정적인 면   4문단: 이성 교제 시 주의해야 할 점

고등학교에 가기 전에 반드시 익혀야 할 비문학 독해에 관한 모든 것

어서 와, 중등 비문학은 처음이지? 상

초판 1쇄 발행 2025년 9월 25일
초판 2쇄 발행 2025년 12월 25일

지은이 배혜림
그린이 편히
펴낸이 민혜영
펴낸곳 데이스타
주소 서울특별시 마포구 월드컵로14길 56, 3~5층
전화 02-303-5580 | **팩스** 02-2179-8768
홈페이지 www.cassiopeiabook.com | **전자우편** editor@cassiopeiabook.com
출판등록 2012년 12월 27일 제2014-C00277호

ⓒ 배혜림, 2025
ISBN 979-11-6827-327-6 44370
     979-11-6827-329-0 (세트)

- 데이스타는 (주)카시오페아 출판사의 어린이·청소년 브랜드입니다.
- 잘못된 책은 구입하신 곳에서 바꿔 드립니다.
- 책값은 뒤표지에 있습니다.